Big Data y Business Intelligence

Editado por:
EDITORIAL FAE, S.L.U.
Correo electrónico: editorial@editorialfae.com

Big Data y Business Intelligence
Jose Antonio Hueso Vidal

1ª Edición

Se ha puesto el máximo empeño en ofrecer a la persona lectora una información completa y precisa. Sin embargo, Editorial FAE, S.L.U. no asume ninguna responsabilidad derivada de su uso ni tampoco de cualquier violación de patentes ni otros derechos de terceras partes que pudieran ocurrir. Esta publicación tiene por objeto proporcionar unos conocimientos precisos y acreditados sobre el tema tratado. Su venta no supone para el editor ninguna forma de asistencia legal, administrativa o de ningún otro tipo.

ISBN: 978-84-1135-398-4

Impreso en España

Índice

U. A. 1. Identificación de los fundamentos del Business Intelligence (BI)

U. A. 2. Comprender el valor de los datos y el Business Intelligence en una organización

U. A. 3. Identificación de los fundamentos del Big Data

Introducción

Objetivos

1. Desarrollar un mayor entendimiento del contexto que vivimos y la nueva era de los datos

2. Entender la importancia de los datos como uno de los activos más estratégicos

3. Conocer qué es Big Data y cuáles son sus aspectos básicos

RESUMEN

GLOSARIO

EJERCICIOS DE AUTOEVALUACIÓN

U. A. 4. Estudio del desarrollo de una estrategia de datos

Introducción

Objetivos

1. Conocer las distintas opciones que hay en el desarrollo de una estrategia de datos

2. Estudiar las principales ventajas e inconvenientes de los diferentes enfoques para definir una estrategia de datos

3. Ahondar en los aspectos principales a tener en cuenta a la hora de definir la estrategia de datos en una organización

RESUMEN

GLOSARIO

EJERCICIOS DE AUTOEVALUACIÓN

U. A. 5. Identificación de los elementos clave para el gobierno y gestión de los datos

Introducción

Objetivos

1. Describir las características principales de los datos: disponibles, entendibles, fiables

2. Conocer cual son elementos clave para el desarrollo de un adecuado gobierno del dato

3. Identificar los roles y responsabilidades necesarios para la gestión de datos

RESUMEN

GLOSARIO

EJERCICIOS DE AUTOEVALUACIÓN

U. A. 6. Conocimiento y comprensión de una Organización Data Driven. Retos y oportunidades

Introducción

Objetivos

1. Conocer la definición de organización Data Driven

2. Comprender los retos y las oportunidades de una organización Data Driven

3. Estudiar proyectos y marco de trabajo para llegar a ser una organización Data Driven

RESUMEN

GLOSARIO

EJERCICIOS DE AUTOEVALUACIÓN

Aplicaciones prácticas

Ejercicio de evaluación final

Solucionario

Bibliografía

Índice

U. A. 1. Identificación de los fundamentos del Business Intelligence (BI)

Introducción

El concepto de **Business Intelligence (BI)** desempeña un papel esencial en la optimización de los procesos de negocio, ya que permite transformar grandes volúmenes de datos en información relevante para la toma de decisiones estratégicas. Entender el concepto de BI, su origen y su importancia en las organizaciones es crucial para implementar soluciones efectivas y aprovechar al máximo el potencial de los datos.

Aquí se presenta una visión completa del BI, analizando su definición, su evolución y su papel dentro de las empresas, especialmente en entornos donde los datos son un activo estratégico clave.

Objetivos

- Comprender el concepto de Business Intelligence y su papel en la transformación de datos en información valiosa para la toma de decisiones estratégicas y operativas.

- Identificar las razones que impulsan la aparición y adopción de Business Intelligence en entornos empresariales actuales, tales como la digitalización, el incremento del volumen de datos y la necesidad de respuesta ágil ante la competencia.

- Analizar la importancia que el Business Intelligence tiene en la mejora de la competitividad y la toma de decisiones organizacionales, permitiendo anticipar tendencias, detectar oportunidades de negocio y mitigar riesgos.

- Explorar cómo las organizaciones utilizan BI para optimizar procesos internos, reducir costes, eliminar ineficiencias y mejorar la eficiencia global de sus operaciones.

- Familiarizarse con las principales herramientas clave, arquitecturas de datos, plataformas de visualización, motores analíticos y soluciones tecnológicas relacionadas con el ecosistema BI moderno.

- Desarrollar habilidades para interpretar métricas, construir cuadros de mando interactivos y aplicar BI a la resolución de casos reales, integrando prácticas como la visualización de datos, la analítica predictiva y el *reporting* automatizado.

- Comprender el proceso de implementación de un sistema de BI, desde la definición de objetivos estratégicos y la selección de fuentes de datos relevantes hasta el aseguramiento de la calidad, seguridad y gobernanza de la información.

- Reconocer el impacto de la inteligencia artificial, el big data y la analítica avanzada en la evolución del Business Intelligence, y cómo estas tendencias están transformando la capacidad de las organizaciones para generar valor a partir de sus datos.

Para empezar...

Business Intelligence abarca mucho más que la simple recopilación de información: implica todo un ecosistema donde la integración, el procesamiento y la explotación inteligente de los datos se convierten en la base para una gestión organizacional eficiente y proactiva. En la actualidad, el BI se apoya en arquitecturas complejas que combinan fuentes estructuradas y no estructuradas, tanto internas como externas, incluyendo desde bases de datos transaccionales hasta redes sociales, dispositivos IoT y plataformas en la nube.

El proceso de BI no es lineal, sino iterativo. Comienza por la identificación precisa de los objetivos de negocio que se desean alcanzar, como mejorar la rentabilidad, aumentar la satisfacción del cliente o reducir los tiempos de respuesta. Una vez establecidos estos objetivos, se procede a la localización y catalogación de las fuentes de datos que los soportan, prestando especial atención a la heterogeneidad y el volumen de la información disponible.

La etapa de integración y modelado de datos es crítica, ya que permite homogeneizar y estructurar la información proveniente de diferentes sistemas, resolviendo problemas de duplicidad, formato y calidad. Este trabajo es el fundamento sobre el que se construirán los análisis posteriores y las visualizaciones interactivas que facilitarán el entendimiento de los usuarios finales.

La evolución del BI ha traído consigo la automatización de los flujos de trabajo, posibilitando la actualización en tiempo real de los cuadros de mando y el monitoreo constante de los indicadores clave de desempeño. La inteligencia artificial y el aprendizaje automático, por su parte, permiten anticipar tendencias, realizar segmentaciones avanzadas y ejecutar modelos predictivos que identifican riesgos u oportunidades con antelación.

Uno de los elementos diferenciadores actuales es la capacidad de autodescubrimiento de datos, donde las propias herramientas sugieren correlaciones, alertan sobre desviaciones o detectan anomalías sin intervención humana directa. Esta automatización agiliza la reacción ante cambios en el entorno y aporta agilidad organizativa.

La presentación de resultados cobra una importancia fundamental. Los paneles de control interactivos, las visualizaciones personalizadas y los informes automáticos permiten a los responsables de cada área acceder a la información relevante en el momento preciso, optimizando la colaboración y la toma de decisiones transversal en la empresa.

La gobernanza de datos adquiere un papel central para asegurar la fiabilidad y la seguridad de toda la información procesada. Esto implica definir políticas de acceso, realizar auditorías periódicas y asegurar el cumplimiento de normativas tanto internas como externas, garantizando así la integridad, confidencialidad y disponibilidad de los datos en todo momento.

El **BI** moderno se concibe como una disciplina en continua evolución, capaz de adaptarse a nuevas fuentes de datos, tecnologías emergentes y demandas cambiantes del negocio. Gracias a esta flexibilidad, las organizaciones pueden no sólo reaccionar, sino adelantarse a las tendencias, generando ventajas competitivas sostenibles y una gestión más inteligente de los recursos.

Importante

La logística moderna no solo se limita al transporte de mercancías; integra funciones como el almacenamiento, el control de inventarios y la gestión de la información. Este proceso se complementa con el BI, que permite analizar grandes volúmenes de datos y tomar decisiones más acertadas.

El uso de herramientas de análisis y visualización como Power BI, Tableau y Qlik Sense permite a las empresas crear paneles de control interactivos y reportes dinámicos que simplifican la interpretación de los datos. Estas herramientas facilitan la identificación de patrones de comportamiento, tendencias de mercado y áreas de mejora, impulsando la competitividad de la organización.

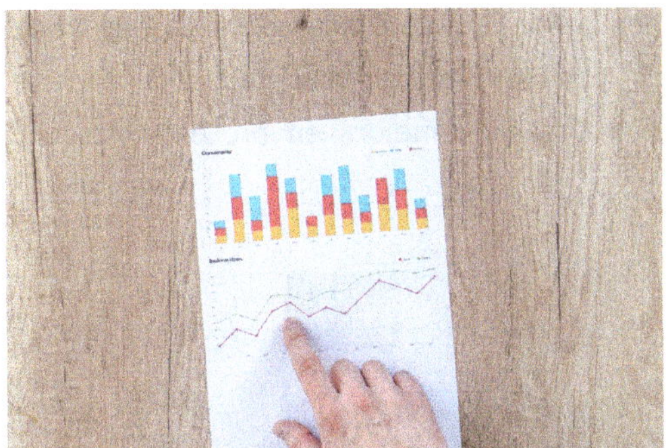

Fig. 1. Tomar decisiones basadas en datos y analítica de inteligencia de negocio es fundamental

Además, la integración de modelos de analítica avanzada y *machine learning* en las soluciones de BI permite predecir comportamientos futuros y optimizar la toma de decisiones en tiempo real. Por ejemplo, en entornos logísticos, el BI puede predecir la demanda de productos, optimizar rutas de distribución y reducir costes operativos, generando un valor significativo para la empresa.

El Business Intelligence es, por tanto, una disciplina clave para las organizaciones que buscan adaptarse a un mercado cada vez más digital y competitivo. Su correcta implementación y utilización permite transformar los datos en conocimiento, optimizar procesos y mejorar la rentabilidad. Algunas herramientas y recursos útiles para implementar el BI incluyen plataformas de integración de datos como Talend o Apache Nifi, motores de procesamiento como Apache Spark y soluciones de almacenamiento como Snowflake o Amazon Redshift. Estas tecnologías, combinadas con una adecuada cultura de datos y un marco de trabajo ágil, permiten a las organizaciones desarrollar una ventaja competitiva basada en el conocimiento y la analítica de datos.

Business Intelligence (BI) constituye el núcleo de la gestión empresarial orientada a datos, ya que permite transformar grandes volúmenes de información en conocimiento estratégico y operativo. La esencia del BI radica en convertir datos dispersos, tanto internos como externos, en análisis significativos que respalden la toma de decisiones en todos los niveles de la organización.

La aplicación de BI va mucho más allá del almacenamiento y consulta de información. Permite analizar patrones de comportamiento, identificar correlaciones y detectar anomalías que podrían pasar desapercibidas en enfoques tradicionales. Gracias a los sistemas de BI, es posible anticipar demandas del mercado, prevenir riesgos financieros y descubrir áreas de mejora en procesos productivos o de atención al cliente.

Fig. 2. Business Intelligence convierte los datos en conocimiento útil para la toma de decisiones empresariales

El concepto de BI trasciende la simple acumulación de datos; se trata de convertir esos datos en *insights* accionables que mejoran la eficiencia, competitividad y capacidad de respuesta de una organización.

La importancia del Business Intelligence radica en su capacidad para ofrecer una visión integral y en tiempo real de la situación empresarial, lo que facilita la anticipación de tendencias, la identificación de oportunidades y la mitigación de riesgos.

La evolución de BI ha estado marcada por cambios tecnológicos significativos, desde los primeros sistemas de informes estáticos hasta las plataformas avanzadas de análisis predictivo y visualización interactiva actuales. Este progreso ha sido impulsado por la creciente necesidad de manejar grandes volúmenes de datos, la diversificación de fuentes de información y el aumento en la complejidad de los entornos empresariales.

Algunos hitos relevantes en la evolución del BI incluyen:

- La aparición de los Data Warehouses en la década de 1990, que consolidaron datos de diferentes sistemas para su análisis.
- La integración de tecnologías OLAP (Online Analytical Processing) para facilitar el análisis multidimensional de datos.
- La incorporación de herramientas de visualización y *dashboards* en tiempo real para mejorar la comprensión y accesibilidad de la información.
- La llegada de Big Data y la analítica avanzada, que amplió la capacidad de BI para incluir datos no estructurados y análisis predictivos.

 **Anotación**

El Business Intelligence se refiere al conjunto de procesos, herramientas y tecnologías que permiten transformar datos en información relevante para la toma de decisiones estratégicas.

La implementación de BI impacta directamente en la mejora de procesos internos, la optimización de recursos y la generación de ventajas competitivas. A través de indicadores clave de rendimiento (KPIs) y reportes dinámicos, las organizaciones pueden evaluar su desempeño, ajustar estrategias y mejorar la experiencia del cliente.

Para lograr un Business Intelligence efectivo, es esencial considerar diversos aspectos:

- Comprender las necesidades específicas del negocio para diseñar soluciones adaptadas.
- Integrar fuentes de datos heterogéneas con calidad y seguridad garantizadas.
- Implementar tecnologías adecuadas para almacenamiento, procesamiento y análisis de datos.
- Desarrollar una cultura organizacional orientada a la toma de decisiones basada en datos.

La evolución del BI ha ido de la mano del desarrollo tecnológico y el crecimiento exponencial de los datos (Big Data). Inicialmente, los sistemas de BI ofrecían informes estáticos, cuya utilidad era limitada por la baja frecuencia de actualización y la dificultad de personalización. La aparición de tecnologías OLAP permitió el análisis multidimensional de datos, abriendo la puerta a una exploración más rica y flexible de la información. Posteriormente, los *dashboards* interactivos y la visualización avanzada democratizaron el acceso a los datos, haciendo que cualquier perfil dentro de la organización pudiera comprender y utilizar la información de forma intuitiva y en tiempo real.

"El éxito de una estrategia empresarial depende, en gran medida, de la capacidad de las organizaciones para gestionar su logística de manera eficiente y para interpretar la información de forma estratégica." — Fuente: Harvard Business Review.

Con la llegada de Big Data, el BI se expandió para incluir el análisis de datos no estructurados (como textos, imágenes, logs y redes sociales) y la capacidad de procesar información en volúmenes y velocidades sin precedentes.

El Business Intelligence continúa evolucionando con la incorporación de inteligencia artificial y aprendizaje automático, lo que amplía su capacidad para ofrecer predicciones y recomendaciones automatizadas, transformando radicalmente la manera en que las organizaciones gestionan su información.

1. Conocer el concepto de Business Intelligence

Business Intelligence (BI) es un proceso estratégico que permite transformar grandes volúmenes de datos dispersos en información estructurada y útil para la toma de decisiones empresariales. Su objetivo principal es convertir datos en conocimiento que aporte valor a las organizaciones y permita optimizar los procesos, anticiparse a cambios del mercado y descubrir oportunidades de crecimiento.

Para comprender mejor el concepto de Business Intelligence, es fundamental diferenciarlo de otros términos relacionados como el análisis de datos o el *reporting* tradicional. Mientras que el análisis de datos se centra en explorar y examinar datos para descubrir patrones o tendencias específicas, Business Intelligence va más allá al integrar, limpiar, transformar y visualizar los datos para que sean comprensibles y accionables a nivel estratégico y operativo.

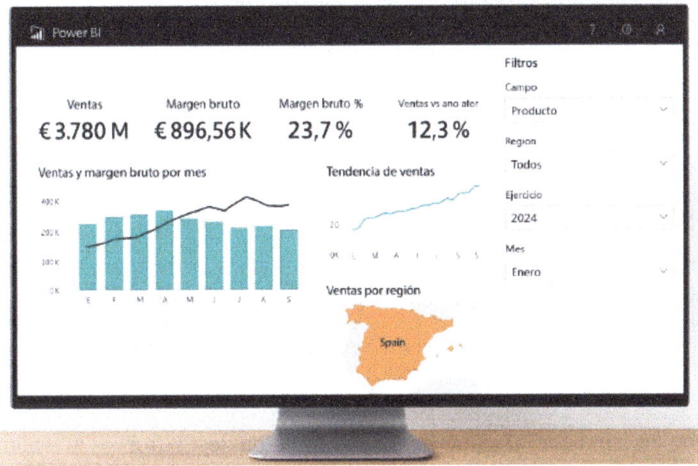

Fig. 3. Panel panel de Microsoft Power BI para facilitar decisiones estratégicas

El proceso de BI comienza con la recopilación de datos provenientes de múltiples fuentes: bases de datos internas, sistemas ERP, CRM, hojas de cálculo y, en ocasiones, fuentes externas como redes sociales o plataformas de terceros. Estos datos se extraen, transforman y cargan (ETL) en almacenes de datos centralizados, donde se organizan de manera que permitan un análisis coherente y fiable. El uso de procesos ETL asegura la calidad, la consistencia y la integridad de la información, aspectos críticos para generar confianza en los resultados obtenidos.

Una vez integrados y procesados los datos, el siguiente paso es su análisis. Aquí entran en juego herramientas de visualización como cuadros de mando (*dashboards*) y paneles interactivos. Estas herramientas permiten a los responsables de negocio observar métricas clave, KPIs y tendencias en tiempo real, facilitando la toma de decisiones informadas y basadas en datos (*data-driven decision-making*). Además, estas plataformas suelen incluir funcionalidades de segmentación y filtrado que permiten profundizar en la información y explorar detalles específicos según las necesidades del análisis.

Otra característica clave del Business Intelligence es su capacidad de predicción y modelización. A través de técnicas de análisis avanzado como la minería de datos (*data mining*), se pueden descubrir patrones ocultos en grandes volúmenes de información y anticipar comportamientos futuros del mercado o de los clientes. Esta capacidad predictiva añade un valor estratégico que puede marcar la diferencia en la competitividad de una organización.

Novedad

En los últimos años, las empresas han incorporado sistemas avanzados de BI y tecnologías como el Big Data para predecir tendencias y anticipar problemas logísticos. Esta integración facilita la transformación digital y la mejora continua de las operaciones.

Por último, no se debe olvidar la gobernanza de los datos y la seguridad de la información. Business Intelligence debe garantizar la protección de los datos sensibles y cumplir con las normativas de privacidad vigentes, como el RGPD. Esto implica definir roles y permisos de acceso adecuados, establecer auditorías y aplicar políticas de calidad de datos para asegurar que la información sea confiable y esté protegida frente a accesos no autorizados.

El Business Intelligence es una disciplina esencial que combina procesos, tecnología y análisis para transformar datos en conocimiento estratégico, impulsando el crecimiento y la rentabilidad de las organizaciones. Su correcta implementación requiere una visión integral que abarque desde la integración de datos hasta la interpretación de resultados y la protección de la información, asegurando así su valor en la cadena de decisiones empresariales.

2. Entender por qué surge este concepto

Business Intelligence surge de la necesidad de las organizaciones de obtener una visión integral y precisa de toda su actividad. A lo largo de los años, el crecimiento de los sistemas informáticos, la digitalización de procesos y la globalización de los mercados provocaron que los datos empresariales se distribuyeran en múltiples sistemas, aplicaciones y áreas, generando silos de información aislados. Esta fragmentación dificulta la obtención de respuestas rápidas y fiables a preguntas fundamentales sobre la rentabilidad, el comportamiento del cliente, el rendimiento de productos o la eficiencia operativa.

El contexto competitivo, marcado por una evolución tecnológica acelerada y una mayor exigencia de los clientes, obligó a las empresas a optimizar cada decisión. En este entorno, las decisiones tomadas de forma instintiva o basadas únicamente en la experiencia podían generar pérdidas o desaprovechar oportunidades clave. El acceso a información precisa y en tiempo real pasó a ser un requisito para sobrevivir y destacar en el mercado.

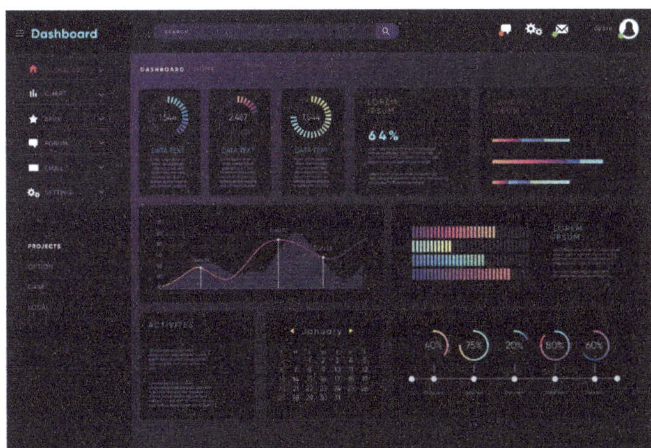

Fig. 4. Visual del panel Power BI (versión universal)

El desarrollo de soluciones de Business Intelligence permitió centralizar y cruzar información de distintas fuentes, como ventas, compras, logística, marketing y recursos humanos. Mediante la integración de datos, se elimina la duplicidad y se evita la contradicción entre informes, facilitando una visión única y fiable. Este enfoque global favorece la alineación estratégica de todos los departamentos, mejorando la comunicación interna y potenciando la agilidad en la respuesta ante cambios o incidencias.

Otra razón de peso para la aparición del Business Intelligence es la explosión del volumen de datos generados por las empresas. La automatización de procesos, la proliferación de canales digitales y la adopción de tecnologías emergentes como el Internet de las Cosas han multiplicado la cantidad de información disponible. Sin herramientas avanzadas, analizar esta información resulta prácticamente imposible. BI aporta mecanismos para filtrar, depurar y transformar grandes volúmenes de datos en indicadores clave y análisis accionables.

La necesidad de cumplir con regulaciones y normativas cada vez más estrictas en materia de reporte, transparencia y protección de datos también impulsó la adopción de sistemas de BI. Estas soluciones facilitan la trazabilidad de la información y la elaboración de informes normativos de manera automatizada y confiable, lo que reduce riesgos y mejora la gobernanza corporativa.

Business Intelligence surge como una respuesta integral para romper la fragmentación de la información, responder a la complejidad del entorno digital, mejorar la capacidad de adaptación y convertir el dato en un recurso estratégico fundamental para el éxito y la sostenibilidad de cualquier organización.

3. Analizar la importancia que cobra en las organizaciones

La relevancia del Business Intelligence en las organizaciones se manifiesta en varios niveles y dimensiones que afectan tanto la operativa diaria como la visión a largo plazo. Su implantación transforma la manera en que se gestionan los recursos, se detectan oportunidades y se enfrentan los desafíos competitivos del mercado actual.

En primer lugar, BI habilita la identificación temprana de oportunidades de negocio al analizar tendencias de consumo, patrones de compra, estacionalidades y cambios en la demanda. Esta capacidad predictiva facilita el diseño de productos o servicios ajustados a las necesidades reales del mercado y el lanzamiento de campañas comerciales en el momento más oportuno. El análisis de grandes volúmenes de información proveniente de distintas áreas permite descubrir nichos de mercado inexplorados o anticipar movimientos de la competencia.

La detección de ineficiencias es otra aportación fundamental. A través de informes dinámicos y cuadros de mando, se visualizan cuellos de botella en procesos productivos, desviaciones presupuestarias, excesos de inventario o incidencias recurrentes en la cadena de suministro. Al disponer de datos en tiempo real y compararlos con los estándares esperados, las organizaciones pueden reaccionar de inmediato y corregir desviaciones antes de que impacten negativamente en los resultados.

Fig. 5. Crea tableros de control que te ayuden en el día a día

El monitoreo de indicadores clave de desempeño (KPIs) se convierte en una actividad continua y sistemática gracias a BI. La visualización centralizada de métricas como la rentabilidad, la satisfacción del cliente, la rotación de inventarios o el tiempo de respuesta permite tomar decisiones basadas en evidencia y no en suposiciones. Este seguimiento continuo impulsa la mejora de procesos y la excelencia operativa.

La alineación entre las acciones operativas y los objetivos estratégicos es otra ventaja decisiva. BI permite que cada área, departamento o proyecto conozca su contribución específica al cumplimiento de los objetivos corporativos. Al compartir información relevante y actualizada, se fomenta una cultura organizacional orientada al logro y a la colaboración, evitando la duplicidad de esfuerzos y maximizando el uso de recursos.

La capacidad de anticiparse a tendencias y cambios del entorno es potenciada por la analítica avanzada, la inteligencia artificial y el aprendizaje automático integrados en los sistemas de BI más modernos. Esto permite no sólo reaccionar ante el cambio, sino adelantarse a él, lo que se traduce en ventajas competitivas sostenibles. Por ejemplo, la predicción de la demanda o la segmentación inteligente de clientes ayudan a optimizar campañas de marketing y a ajustar la producción con precisión.

La integración de Business Intelligence con otras soluciones tecnológicas, como los sistemas ERP, CRM o plataformas de comercio electrónico, multiplica su impacto. Esta conectividad asegura que la información fluye sin barreras y que todas las áreas de la empresa trabajan con datos coherentes y actualizados.

La importancia del BI reside en su capacidad para transformar el dato en valor, fortalecer la toma de decisiones y asegurar que las estrategias estén siempre alineadas con la realidad del negocio y las oportunidades emergentes. Esto convierte al BI en una herramienta imprescindible para la supervivencia y el crecimiento sostenido en el entorno empresarial actual.

Sugerencia

Para sacar el máximo partido al BI, se recomienda implementar herramientas que permitan la integración de fuentes de datos y la visualización en tiempo real, como Power BI o Tableau.

Resumen

Business Intelligence (BI) es una disciplina clave que transforma datos dispersos y crudos en información valiosa para la toma de decisiones empresariales estratégicas y operativas. Su principal objetivo es facilitar a las organizaciones una visión clara y precisa que les permita mejorar la eficiencia, detectar oportunidades y anticipar riesgos en un entorno competitivo.

El surgimiento de BI responde a la creciente necesidad de manejar grandes volúmenes de datos generados por sistemas internos y fuentes externas, con el fin de convertirlos en conocimientos prácticos. La digitalización y el avance tecnológico han impulsado esta evolución, haciendo imprescindible el análisis de datos para optimizar procesos y estrategias.

La importancia de BI radica en su capacidad para proporcionar indicadores clave en tiempo real, mejorar la colaboración entre departamentos y promover decisiones fundamentadas que incrementan la competitividad y agilizan la respuesta al mercado. BI es, por tanto, un activo estratégico en la transformación digital de las empresas.

Entre los elementos fundamentales de BI se encuentran la recolección y almacenamiento de datos en estructuras como Data Warehouses y Data Lakes, la limpieza y procesamiento para garantizar calidad, el análisis mediante técnicas estadísticas y algoritmos, y la presentación visual de resultados a través de *dashboards* y reportes personalizados.

Las herramientas más usadas para implementar BI incluyen Microsoft Power BI, Tableau, Qlik Sense y Google Data Studio, cada una ofreciendo soluciones adaptables a distintos tamaños y sectores empresariales, facilitando la visualización y análisis de datos complejos.

Los beneficios de BI se aplican a diversos sectores, tales como *retail*, salud, finanzas, manufactura y marketing, ayudando a optimizar inventarios, mejorar la gestión clínica, detectar fraudes, controlar procesos productivos y medir el impacto de campañas, respectivamente. En todos los casos, BI impulsa una cultura organizacional basada en datos para mejorar la eficiencia y competitividad.

Con una comprensión integral de BI y sus componentes, las organizaciones pueden aprovechar sus datos para transformar la información en acciones efectivas, alcanzando así una ventaja competitiva sostenible en la era digital.

Glosario

Análisis Predictivo

Técnica avanzada que utiliza modelos estadísticos y de *machine learning* para predecir resultados futuros y tendencias del mercado.

Big Data

Conjunto de datos caracterizados por su gran volumen, velocidad y variedad, que requieren tecnologías y metodologías avanzadas para su almacenamiento, procesamiento y análisis.

Business Intelligence (BI)

Conjunto de procesos, metodologías y tecnologías que permiten transformar grandes volúmenes de datos en información estructurada, útil y relevante para la toma de decisiones estratégicas en las organizaciones.

Dashboard (Cuadro de Mando)

Herramienta visual e interactiva que muestra métricas clave y permite el seguimiento de indicadores estratégicos en tiempo real.

Data Lake

Repositorio de almacenamiento que permite guardar grandes volúmenes de datos en su forma original y no estructurada, facilitando su análisis posterior.

Data Mining

Proceso de análisis avanzado de grandes volúmenes de datos para descubrir patrones, relaciones y tendencias ocultas que puedan aportar valor al negocio.

Data Warehouse

Almacén de datos centralizado que integra información procedente de múltiples fuentes, permitiendo su análisis y generación de informes estratégicos.

ETL (Extract, Transform, Load)

Proceso de extracción, transformación y carga de datos desde diversas fuentes hacia un almacén de datos, asegurando su calidad y consistencia.

Gobernanza de Datos

Conjunto de políticas, procesos y controles que garantizan la calidad, seguridad y uso adecuado de los datos dentro de una organización.

KPI (Key Performance Indicator)

Indicador clave de rendimiento que mide el grado de cumplimiento de los objetivos estratégicos de una organización.

Machine Learning

Rama de la inteligencia artificial que permite a los sistemas aprender de los datos y realizar predicciones o recomendaciones automáticas.

OLAP (Online Analytical Processing)

Tecnología que permite el análisis multidimensional de datos, facilitando el estudio detallado de información desde diferentes perspectivas.

Segmentación de Datos

Proceso de dividir un conjunto de datos en grupos homogéneos para su análisis detallado y personalizado.

Transformación Digital

Integración de tecnologías digitales en todos los aspectos de una organización, cambiando la forma de operar y de ofrecer valor a los clientes.

Visualización de Datos

Representación gráfica de información y resultados de análisis que facilita la interpretación y la toma de decisiones.

Ejercicios de autoevaluación

1. ¿Cuál es el objetivo principal del Business Intelligence?

   a. Producir grandes volúmenes de datos.

   b. Transformar datos en información útil para la toma de decisiones.

   c. Almacenar datos sin analizarlos.

   d. Automatizar procesos mecánicos.

2. ¿Qué característica distingue al BI de un simple análisis de datos?

   a. Solo utiliza datos históricos.

   b. Se limita a la generación de informes.

   c. Emplea únicamente hojas de cálculo.

   d. Integra, transforma y visualiza datos para tomar decisiones estratégicas.

3. ¿Cuál de estos procesos NO forma parte habitual del Business Intelligence?

   a. Extracción de datos.

   b. Fabricación de hardware.

   c. Limpieza de datos.

   d. Visualización de información.

4. ¿Por qué surge el concepto de BI en las organizaciones?

   a. Por moda empresarial.

   b. Para crear sitios web.

   c. Para optimizar la toma de decisiones a partir de datos.

   d. Para reducir únicamente el coste tecnológico.

5. ¿Qué ventaja aporta el BI a la gestión empresarial?

    a. Limita la innovación.

    b. Permite anticiparse a cambios del mercado.

    c. Reduce la colaboración interna.

    d. Elimina la necesidad de analizar datos.

6. ¿Qué componente NO es esencial en un sistema de BI?

    a. Almacenamiento de datos.

    b. Producción de software de oficina.

    c. Herramientas de análisis.

    d. Visualización interactiva.

7. ¿Qué describe mejor la función de la visualización en BI?

    a. Ocultar la información al usuario.

    b. Exportar datos en bruto.

    c. Presentar datos de forma comprensible y útil.

    d. Convertir informes en imágenes aleatorias.

8. ¿Cuál es una fuente común de datos para un sistema de BI?

    a. Sensores climáticos únicamente.

    b. Bases de datos empresariales.

    c. Solo correos electrónicos.

    d. Sitios web estáticos sin datos.

9. **¿Qué herramienta se utiliza habitualmente en BI para explorar y analizar datos?**

    a. Antivirus.

    b. *Dashboard* o panel de control.

    c. Procesador de textos.

    d. Compresor de archivos.

10. **¿Qué acción es fundamental en la limpieza de datos para BI?**

    a. Ignorar los datos duplicados.

    b. Añadir datos irrelevantes.

    c. Eliminar valores inconsistentes o erróneos.

    d. Introducir errores manualmente.

U. A. 2. Comprender el valor de los datos y el Business Intelligence en una organización

Introducción

Comprender el valor de los datos y el Business Intelligence en una organización es fundamental para potenciar la capacidad de respuesta y la innovación en el entorno empresarial actual. Los datos se han consolidado como un activo estratégico que, bien gestionado, puede marcar la diferencia entre el éxito y la obsolescencia de una compañía.

Analizar el verdadero valor de los datos, el origen de las necesidades de BI y los diferentes niveles de madurez en la adopción de estas tecnologías permite sentar las bases para una transformación empresarial sostenible y orientada a resultados.

El valor de los datos radica en su capacidad para ofrecer una visión precisa y en tiempo real del funcionamiento de la organización, facilitando la toma de decisiones basadas en evidencia y no en intuiciones. Esta visión se potencia a través del Business Intelligence, que integra procesos y herramientas avanzadas para recopilar, depurar, analizar y visualizar información procedente de múltiples fuentes. BI no solo aporta claridad sobre el desempeño interno, sino que también ayuda a anticipar tendencias, mitigar riesgos y descubrir oportunidades en mercados cada vez más competitivos.

Objetivos

- Analizar el papel fundamental que desempeñan los datos en la gestión moderna de las organizaciones y cómo su correcta utilización se traduce en ventajas competitivas y mejores resultados de negocio.
- Entender el origen de las necesidades de Business Intelligence en las empresas, profundizando en la importancia de definir requisitos claros que permitan transformar la información en valor accionable.
- Explorar los distintos niveles de madurez de BI que pueden encontrarse en una organización, evaluando el impacto que tiene la evolución de estos niveles en la toma de decisiones, la innovación y la mejora continua.
- Identificar los procesos, herramientas y metodologías necesarias para capturar, integrar, analizar y visualizar datos provenientes de diferentes áreas de la organización, asegurando calidad y coherencia en la información.
- Comprender cómo el uso de BI permite alinear la operativa diaria con los objetivos estratégicos, facilitando la anticipación de tendencias, la detección de oportunidades y la reducción de riesgos.
- Valorar la importancia de desarrollar una cultura organizacional orientada al dato, donde la toma de decisiones esté respaldada por información fiable y actualizada.
- Reconocer la relación entre el nivel de madurez de BI y la capacidad de la organización para responder con agilidad a los desafíos del entorno competitivo.
- Familiarizarse con ejemplos prácticos de evolución en la madurez de BI, desde la generación de informes básicos hasta la implementación de analítica avanzada, cuadros de mando interactivos y procesos automatizados de toma de decisiones.

Para empezar...

El surgimiento de la necesidad de Business Intelligence está vinculado a la creciente complejidad de los entornos empresariales, el incremento exponencial del volumen de datos y la fragmentación de la información entre diferentes sistemas. En este contexto, disponer de una plataforma que consolide y traduzca los datos en conocimiento útil se convierte en un elemento diferenciador para la gestión eficiente de los recursos y la alineación con los objetivos estratégicos.

Reglamento (UE) 2016/679 del Parlamento Europeo y del Consejo, de 27 de abril de 2016, relativo a la protección de las personas físicas en lo que respecta al tratamiento de datos personales y a la libre circulación de estos datos y por el que se deroga la Directiva 95/46/CE.

El proceso de adopción de BI no es uniforme en todas las organizaciones; existen diferentes niveles de madurez que reflejan la capacidad para explotar el potencial de los datos. Desde las etapas iniciales, donde se prioriza la recopilación y almacenamiento, hasta escenarios avanzados de analítica predictiva y automatización de decisiones, el camino hacia la excelencia en BI requiere una visión clara, recursos tecnológicos adecuados y una cultura organizacional orientada al dato.

El Business Intelligence (BI) se ha consolidado como una herramienta esencial para transformar datos en conocimiento útil y tomar decisiones estratégicas. Esta introducción ofrece una visión global sobre la relevancia de BI en las organizaciones actuales y cómo facilita el aprovechamiento de los datos para impulsar la competitividad.

La correcta comprensión y gestión del valor de los datos y el Business Intelligence permite a las organizaciones generar ventajas competitivas, optimizar procesos, mejorar la experiencia del cliente y fortalecer la resiliencia frente a los cambios del entorno. Herramientas como Power BI, Tableau, Qlik Sense, así como plataformas de integración y almacenamiento de datos, son clave para convertir la información en un motor de crecimiento y adaptación continua.

Novedad

La integración de tecnologías emergentes como la inteligencia artificial y el *machine learning* potencia el BI, permitiendo identificar patrones ocultos y anticipar tendencias antes imposibles de detectar con métodos tradicionales.

En este contexto, analizar el valor de los datos, entender la evolución de las necesidades de BI y evaluar los niveles de madurez se presenta como un pilar indispensable para la transformación digital y el éxito empresarial en la era de la información.

1. Comprender el valor que tienen los datos en una organización

Comprender el valor de los datos y el Business Intelligence en una organización implica reconocer que los datos representan un activo estratégico fundamental para la toma de decisiones, la innovación y la competitividad. Los datos, cuando se gestionan y explotan correctamente, permiten a las empresas obtener una visión clara y actualizada de su funcionamiento interno, del mercado y del comportamiento de sus clientes.

La primera dimensión del valor de los datos reside en su capacidad para ofrecer información precisa y oportuna, imprescindible para el diagnóstico y la mejora continua de procesos. La recopilación sistemática y el análisis de datos operativos, comerciales, financieros o logísticos permiten detectar ineficiencias, anticipar problemas y optimizar recursos. Esta orientación hacia la eficiencia reduce costes, mejora la calidad del producto o servicio y aumenta la satisfacción del cliente.

Fig. 1. El uso de gráficos dinámicos es fundamental para una visión clara de datos

Business Intelligence transforma el dato en conocimiento útil a través de la integración, depuración y análisis avanzado de la información. El uso de cuadros de mando, paneles interactivos y herramientas de visualización posibilita el seguimiento en tiempo real de los principales indicadores clave de desempeño (KPIs). Esta monitorización facilita la reacción inmediata ante desviaciones, la identificación de tendencias y la detección de oportunidades de negocio que de otro modo pasarían desapercibidas.

La integración de datos provenientes de diferentes áreas (ventas, marketing, finanzas, producción, recursos humanos) es un factor clave para obtener una visión global y coherente de la organización. Eliminar silos informativos permite que los responsables tomen decisiones basadas en datos completos y fiables, favoreciendo la colaboración y la alineación estratégica de los equipos.

Sugerencia

Clasifica los datos de la organización en categorías según su origen (internos/externos) y su utilidad (operativos/estratégicos) para identificar oportunidades de explotación de información.

El valor del Business Intelligence se refleja también en la capacidad de anticipación. El análisis predictivo, apoyado en algoritmos de inteligencia artificial y modelos de *machine learning*, permite prever fluctuaciones en la demanda, identificar patrones de comportamiento en clientes o anticipar riesgos financieros y operativos. Esta capacidad de adelantarse a los hechos ofrece ventajas competitivas sustanciales y mejora la resiliencia empresarial ante entornos cambiantes.

La transparencia y la trazabilidad de la información son otros beneficios relevantes. La automatización de informes y el cumplimiento de normativas regulatorias se ven fortalecidos, minimizando el riesgo de errores humanos y facilitando auditorías internas y externas. Esto refuerza la confianza de los clientes, socios e inversores en la gestión de la empresa.

El desarrollo de una cultura organizacional orientada al dato es fundamental para aprovechar al máximo el potencial del BI. La formación continua, la definición de roles claros y la democratización del acceso a la información garantizan que todos los niveles de la organización participen en la creación de valor a partir de los datos.

El desarrollo de sistemas de BI debe contemplar la aplicación de la normativa sobre protección de datos desde el diseño (*privacy by design*) y por defecto (*privacy by default*). Estos principios legales obligan a minimizar la recogida de datos, limitar el acceso únicamente a usuarios autorizados y establecer mecanismos de trazabilidad, según lo regulado por el GDPR y la LOPDGDD.

El ecosistema tecnológico del BI abarca herramientas para el almacenamiento (Data Warehouses, Data Lakes), procesamiento (ETL, motores analíticos), visualización (Power BI, Tableau, Qlik), y análisis avanzado (Python, R, Spark, plataformas de *machine learning*). La correcta elección, integración y uso de estas soluciones permite transformar el dato en acción y generar resultados sostenibles a largo plazo.

El valor de los datos y el Business Intelligence radica en su capacidad para convertir la información en una fuente continua de ventaja competitiva, innovación y mejora organizacional, posicionando a la empresa como un actor dinámico y resiliente en el mercado.

Comprender el valor que tienen los datos en una organización es reconocer que los datos constituyen el eje central de la toma de decisiones moderna y eficiente. Cuando se gestionan de manera adecuada, los datos facilitan una visión completa y precisa del funcionamiento de la empresa y del entorno en el que opera. Esta perspectiva posibilita identificar patrones de consumo, anticipar cambios en el mercado y adaptar rápidamente las estrategias de negocio para mantenerse competitivo.

Business Intelligence es el conjunto de procesos y tecnologías que permiten transformar datos en conocimiento útil. Sin embargo, cuando estos datos contienen información personal, es obligatorio aplicar los principios de licitud, lealtad y transparencia recogidos en la normativa europea y española.

Antes de realizar cualquier análisis con datos personales, debe informarse a los interesados del uso de su información y obtener el consentimiento cuando sea necesario. Asimismo, los sistemas BI deben permitir el ejercicio de derechos como acceso, rectificación o supresión de datos, tal como establece la legislación.

El conocimiento profundo del comportamiento de los clientes es uno de los mayores beneficios derivados del análisis de datos. Mediante la recopilación y evaluación de interacciones, preferencias y tendencias, se pueden personalizar productos y servicios, mejorar la experiencia del cliente y diseñar campañas de marketing más efectivas. El análisis detallado de los datos permite, además, segmentar audiencias, predecir necesidades futuras y fidelizar a los clientes a largo plazo.

Fig. 2. La Inteligencia de Negocios permite transformar datos dispersos en información estratégica y accionable

La optimización de los procesos internos es otra dimensión fundamental del valor de los datos. El monitoreo de operaciones en tiempo real, junto con el análisis histórico, permite detectar ineficiencias, cuellos de botella y oportunidades de automatización. Gracias a los datos, se pueden ajustar procesos productivos, mejorar la asignación de recursos y reducir costes operativos, lo que se traduce en una mayor eficiencia y rentabilidad.

Detectar oportunidades de crecimiento y anticiparse a riesgos son aspectos clave que se potencian mediante una gestión avanzada de datos. El análisis predictivo, impulsado por herramientas de Business Intelligence, Machine Learning y Big Data, facilita la identificación de nuevas líneas de negocio, mercados emergentes y cambios en los hábitos de consumo. Además, permite anticipar posibles amenazas y preparar planes de contingencia de forma proactiva.

La calidad de los datos es un requisito esencial para que estos generen valor. La exactitud, coherencia y actualidad de la información determinan la fiabilidad de los análisis y las decisiones que de ellos se derivan. La implementación de modelos robustos de gestión de datos asegura que la información utilizada sea confiable, esté bien organizada y sea fácilmente accesible para los usuarios autorizados.

La accesibilidad de los datos es un elemento estratégico. Permitir que las personas adecuadas accedan a la información en el momento preciso agiliza la toma de decisiones y fomenta una cultura basada en la evidencia y el aprendizaje continuo. Herramientas modernas de visualización y autoservicio democratizan el uso de los datos, permitiendo que perfiles no técnicos exploren y aprovechen el conocimiento disponible.

El valor de los datos no reside únicamente en su volumen, sino en su capacidad de integrarse, analizarse y transformarse en información útil para la toma de decisiones.

Integrar los datos en los procesos de toma de decisiones estratégicas transforma el dato en un recurso activo, generando un círculo virtuoso de mejora continua. Las organizaciones que adoptan un enfoque orientado a datos evolucionan hacia una cultura digital en la que la innovación, la adaptación y la resiliencia se potencian, asegurando su sostenibilidad y liderazgo en el mercado actual.

La combinación de una gestión eficiente de datos con tecnologías avanzadas de análisis sitúa a la organización en una posición de ventaja. El dato se convierte así en el motor que impulsa la competitividad, la agilidad y la transformación digital en todos los niveles de la empresa.

2. Entender cómo surgen las necesidades de Business Intelligence y la importancia de los requisitos

La aparición de necesidades de Business Intelligence está directamente relacionada con la evolución de los modelos de negocio y el aumento exponencial del volumen y variedad de datos generados y almacenados por las organizaciones. En el contexto actual, los datos fluyen desde múltiples sistemas y plataformas: bases de datos transaccionales, herramientas de gestión empresarial (ERP), soluciones de gestión de relaciones con clientes (CRM), plataformas de comercio electrónico, redes sociales y dispositivos conectados a Internet de las Cosas (IoT), entre otros. Esta proliferación de fuentes crea entornos de información fragmentada y, frecuentemente, inaccesible para una visión global del negocio.

Supón que una empresa desea cruzar información de ventas y datos de usuarios registrados para crear un *dashboard* comercial. Antes de unir estas fuentes, debe verificar que ambos conjuntos de datos cumplen con la LOPDGDD y que los clientes han sido informados del uso con fines analíticos, garantizando la anonimización cuando sea posible y restringiendo el acceso solo al personal autorizado.

La dispersión de datos en silos aislados supone un gran desafío. Cuando cada departamento almacena y gestiona su información de forma independiente, resulta complejo consolidar la información para entender la realidad completa de la organización. Esto puede llevar a la duplicidad de esfuerzos, inconsistencias en los informes y dificultades para detectar tendencias, riesgos y oportunidades de forma oportuna.

Business Intelligence surge precisamente para resolver esta problemática, integrando y centralizando los datos en una plataforma común desde la que es posible analizarlos, visualizarlos y convertirlos en conocimiento útil.

Fig. 3. El trabajo en equipo y la comunicación activa entre departamentos es clave

La capacidad de analizar grandes volúmenes de información en tiempo real y desde diferentes perspectivas facilita la toma de decisiones basada en evidencia y no en intuiciones. BI habilita la generación de informes dinámicos, *dashboards* interactivos y análisis predictivos, permitiendo a los líderes identificar patrones, comparar escenarios y reaccionar con agilidad ante los cambios del mercado.

Para que una estrategia de Business Intelligence sea efectiva, la definición y el cumplimiento de requisitos son esenciales. Entre los principales requisitos destacan la calidad de los datos (que deben ser precisos, completos, consistentes y actualizados), la integración entre sistemas para asegurar que la información fluye sin barreras, y la seguridad, protegiendo tanto los datos sensibles como el acceso a la información. La facilidad de uso de las herramientas es igualmente clave, ya que una interfaz intuitiva y flexible asegura la adopción por parte de los usuarios y maximiza el retorno de la inversión.

La necesidad de BI suele surgir a partir de problemáticas como la dispersión de datos, la dificultad para tomar decisiones ágiles y la necesidad de visualizar indicadores clave de rendimiento. Es fundamental identificar estos puntos críticos antes de implementar soluciones de BI.

El éxito de un sistema de BI también depende de la formación y el soporte técnico adecuados. Desarrollar una cultura organizacional orientada al dato requiere sensibilizar y capacitar a los equipos en el uso y aprovechamiento de las herramientas, fomentar la colaboración y el intercambio de información, y garantizar que el conocimiento generado llegue a todos los niveles de la organización.

La revisión y actualización periódica de los requisitos y necesidades del BI es imprescindible en un entorno en constante evolución tecnológica y de negocio. Solo así es posible mantener la alineación entre la estrategia empresarial y la infraestructura de información, asegurando que la organización se mantenga competitiva, innovadora y preparada para responder a los desafíos futuros.

3. Analizar los distintos niveles de madurez de BI que una organización posee

Analizar los distintos niveles de madurez de Business Intelligence en una organización implica evaluar hasta qué punto los datos y el análisis influyen en la toma de decisiones y el rendimiento general. El proceso de maduración suele avanzar de lo más básico a lo más avanzado, transformando la cultura organizacional y la forma en la que se usan los datos.

El primer nivel, el descriptivo, representa el punto de partida en la evolución analítica. Aquí, la organización se centra en la consolidación de datos históricos mediante informes y paneles estáticos. Estas herramientas ofrecen una visión de lo que ha ocurrido, permitiendo supervisar resultados pasados y establecer una base inicial para el análisis. En esta etapa, predominan herramientas básicas de *reporting* y la dependencia de hojas de cálculo, con procesos manuales que pueden limitar la agilidad y la profundidad de los análisis.

A medida que la organización avanza en el uso del BI, desde informes descriptivos hasta analítica avanzada, aumenta la responsabilidad legal sobre la gestión y protección de los datos. El GDPR y la LOPDGDD exigen la realización de evaluaciones de impacto (DPIA) cuando los análisis pueden suponer un riesgo significativo para los derechos y libertades de las personas, especialmente en modelos predictivos o análisis automatizados que incluyan datos personales sensibles.

El siguiente escalón, el nivel diagnóstico, introduce una mayor capacidad de exploración y segmentación de la información. Mediante *dashboards* interactivos y herramientas OLAP (Online Analytical Processing), es posible analizar causas y correlaciones detrás de los resultados obtenidos. Esta fase permite responder a preguntas como "¿por qué ocurrió?" y facilita el descubrimiento de patrones o anomalías en los datos, apoyando una toma de decisiones más fundamentada y específica.

Fig. 4. Revisar mediante analiticas y dashboards te permitirá tomar decisiones basadas en datos

El nivel predictivo representa un salto cualitativo al incorporar modelos estadísticos y técnicas de Machine Learning. El enfoque deja de ser únicamente retrospectivo para adelantarse a lo que puede suceder, mediante la identificación de tendencias y comportamientos futuros. El análisis predictivo resulta clave para anticipar la demanda, prever riesgos o identificar oportunidades emergentes antes que la competencia, dotando a la organización de mayor proactividad y resiliencia.

En el nivel prescriptivo, el BI alcanza su máxima sofisticación. Aquí, las herramientas no sólo predicen escenarios, sino que también recomiendan acciones óptimas basadas en análisis avanzado y simulaciones. El BI prescriptivo integra inteligencia artificial, algoritmos de optimización y técnicas de simulación para ofrecer recomendaciones personalizadas y automáticas, orientadas a maximizar el impacto estratégico y operativo en la organización.

El avance por estos niveles requiere una infraestructura tecnológica robusta y flexible, así como la adopción de herramientas especializadas que faciliten el análisis escalable y en tiempo real. Plataformas como Power BI, Tableau y Qlik Sense destacan por su capacidad de visualización y análisis interactivo. Soluciones en la nube como Snowflake y Google BigQuery permiten gestionar y analizar grandes volúmenes de datos con eficiencia y seguridad, apoyando la transición a niveles más avanzados de madurez analítica.

El desarrollo de la madurez en BI también depende de factores organizativos, como la calidad de los datos, la cultura analítica, la formación continua de los equipos y el liderazgo orientado al dato. La implementación progresiva de mejores prácticas, la definición de roles y la actualización de los procesos son esenciales para consolidar cada etapa y escalar hacia un entorno analítico plenamente integrado.

Evaluar el nivel de madurez de **BI** permite identificar oportunidades de mejora, definir una hoja de ruta y asignar recursos estratégicamente para evolucionar hacia una organización *data-driven*, capaz de transformar el dato en ventaja competitiva sostenible.

Resumen

Comprender el valor de los datos y el Business Intelligence (BI) es esencial para que las organizaciones puedan responder con agilidad y mantener su competitividad en un entorno empresarial dinámico. Los datos se convierten en un activo estratégico que, cuando se gestionan adecuadamente, ofrecen una visión precisa y en tiempo real del funcionamiento interno, facilitando la toma de decisiones fundamentadas en evidencia y no en suposiciones.

BI surge para resolver la complejidad y fragmentación de la información que generan múltiples sistemas y fuentes dentro de una empresa. Su integración permite consolidar, depurar y analizar datos provenientes de diversas áreas, ofreciendo una visión global y coherente que potencia la eficiencia, la innovación y la anticipación a riesgos y oportunidades.

La adopción de BI no es homogénea, existiendo distintos niveles de madurez que van desde la simple recopilación y generación de informes básicos, hasta la analítica avanzada con modelos predictivos y prescriptivos apoyados en inteligencia artificial. El desarrollo de esta madurez requiere tecnología adecuada, una cultura organizacional orientada al dato y procesos claros.

El valor real de BI se manifiesta en la optimización de procesos, mejora de la experiencia del cliente, reducción de costes y en la capacidad de anticipar cambios del mercado. Herramientas como Power BI, Tableau o Qlik Sense facilitan la transformación de datos en conocimiento accionable, permitiendo a las empresas evolucionar hacia una gestión más proactiva y resiliente.

Además, el éxito del BI depende en gran medida de la democratización del acceso a la información dentro de la organización, fomentando una cultura en la que todos los niveles, desde operativos hasta directivos, puedan tomar decisiones informadas basadas en datos fiables y actualizados. Esta transparencia y accesibilidad no solo agilizan los procesos, sino que también promueven la colaboración interdepartamental y una alineación estratégica más efectiva.

Finalmente, la integración de tecnologías emergentes como la inteligencia artificial y el *machine learning* potencia las capacidades analíticas del BI, permitiendo identificar patrones ocultos, prever tendencias con mayor precisión y automatizar procesos de toma de decisiones. Esto posiciona a las organizaciones que adoptan estas innovaciones a la vanguardia del mercado, asegurando su capacidad de adaptación y crecimiento sostenible en la era digital.

Glosario

Análisis predictivo

Técnica avanzada que utiliza modelos estadísticos y algoritmos para anticipar tendencias, comportamientos futuros y riesgos potenciales, apoyando decisiones proactivas.

Business Intelligence (BI)

Conjunto de procesos, herramientas y tecnologías que permiten transformar datos en información valiosa para apoyar la toma de decisiones estratégicas en una organización.

Cuadros de mando (*Dashboards*)

Herramientas visuales e interactivas que muestran indicadores clave de desempeño (KPIs) en tiempo real para facilitar el seguimiento y control de objetivos.

Cultura organizacional orientada al dato

Mentalidad y prácticas dentro de una organización que promueven la toma de decisiones basada en datos fiables, accesibles y actualizados.

Datos

Elementos básicos que representan hechos, cifras o información sin procesar, que al ser analizados aportan conocimiento útil para la toma de decisiones.

Herramientas BI

Plataformas tecnológicas como Power BI, Tableau o Qlik Sense que facilitan la visualización, análisis y exploración de datos para la toma de decisiones.

Integración de datos

Proceso de consolidar información proveniente de múltiples fuentes en una plataforma común para asegurar coherencia, calidad y accesibilidad.

Machine Learning

Rama de la inteligencia artificial que permite a los sistemas aprender y mejorar automáticamente a partir de los datos sin ser programados explícitamente.

Nivel descriptivo

Primer nivel de madurez de BI que se centra en la generación de informes y reportes estáticos para conocer lo que ha ocurrido en el pasado.

Nivel diagnóstico

Nivel intermedio que permite analizar causas y correlaciones de resultados mediante herramientas interactivas y análisis multidimensional.

Nivel predictivo

Nivel avanzado que utiliza técnicas de *machine learning* y modelos estadísticos para anticipar comportamientos y tendencias futuras.

Nivel prescriptivo

Nivel más sofisticado que ofrece recomendaciones automáticas y simulaciones para optimizar la toma de decisiones y acciones estratégicas.

Niveles de madurez de BI

Etapas que reflejan el grado de desarrollo y uso efectivo de Business Intelligence en una organización, desde el análisis descriptivo básico hasta el análisis prescriptivo avanzado.

Silos de información

Fragmentación o aislamiento de datos en diferentes áreas o departamentos de una organización, que dificulta la integración y visión global del negocio.

Valor de los datos

Capacidad que tienen los datos para ofrecer información precisa, relevante y en tiempo real que facilita la optimización y mejora continua de procesos y estrategias empresariales.

Ejercicios de autoevaluación

1. ¿Cuál es uno de los principales motivos que ha impulsado la aparición del Business Intelligence en las organizaciones?

   a. La eliminación del correo electrónico como canal de comunicación.

   b. El crecimiento exponencial de los datos y la complejidad empresarial.

   c. La desaparición de los sistemas CRM.

   d. La necesidad de reducir el uso de gráficos y visualizaciones.

2. ¿Qué normativa europea regula la protección de datos personales en el contexto del BI?

   a. ISO 27001.

   b. Ley de Propiedad Intelectual.

   c. Reglamento (UE) 2016/679 (GDPR).

   d. Directiva 2002/58/CE.

3. ¿Cuál es el primer nivel de madurez en BI según la evolución analítica?

   a. Prescriptivo.

   b. Predictivo.

   c. Diagnóstico.

   d. Descriptivo.

4. ¿Cuál de las siguientes herramientas es comúnmente utilizada para la visualización interactiva en BI?

   a. Notepad++.

   b. Tableau.

   c. Wireshark.

   d. FileZilla.

5. ¿Qué principio legal exige limitar el acceso a los datos únicamente a usuarios autorizados en sistemas de BI?

    a. Tasa por Uso Justo.

    b. Privacy by default.

    c. Derecho a la portabilidad.

    d. Cifrado asimétrico.

6. ¿Qué representa una ventaja del análisis predictivo en BI?

    a. Eliminar la necesidad de recolectar datos.

    b. Ofrecer una vista estática de los informes históricos.

    c. Anticipar tendencias y comportamientos futuros.

    d. Aumentar el número de silos informativos.

7. ¿Qué tipo de datos permite mejorar la experiencia del cliente y personalizar servicios?

    a. Datos anónimos no operativos.

    b. Datos transaccionales no estructurados.

    c. Datos analizados sobre el comportamiento del cliente.

    d. Datos internos sin segmentación.

8. ¿Qué etapa del BI recomienda acciones óptimas basadas en simulaciones y algoritmos?

    a. Nivel descriptivo.

    b. Nivel diagnóstico.

    c. Nivel predictivo.

    d. Nivel prescriptivo.

9. **¿Cuál de los siguientes elementos NO es un requisito esencial para el éxito del BI?**

    a. Calidad de los datos.

    b. Seguridad y protección de la información.

    c. Dificultad de uso para evitar accesos no autorizados.

    d. Integración entre sistemas.

10. **¿Qué beneficio aporta la eliminación de silos informativos en una organización?**

    a. Mayor dependencia de hojas de cálculo.

    b. Menor control de los responsables de área.

    c. Visión global y coherente de la organización.

    d. Aumento del volumen de datos sin estructurar.

U. A. 3. Identificación de los fundamentos del Big Data

Introducción

Comprender los fundamentos del Big Data es esencial para navegar con éxito en un entorno empresarial cada vez más digitalizado y basado en datos. En la actualidad, vivimos en una era caracterizada por una explosión de información sin precedentes. Cada interacción digital, cada operación empresarial y cada proceso industrial generan grandes volúmenes de datos que, bien gestionados, se convierten en un activo estratégico de gran valor. Esta nueva era de los datos no sólo redefine la forma en que las organizaciones compiten, sino que también transforma las oportunidades de crecimiento y la manera de innovar.

El verdadero poder del Big Data radica en su capacidad para capturar, almacenar y analizar cantidades masivas de datos procedentes de diversas fuentes y formatos. Esta capacidad permite a las organizaciones descubrir patrones, correlaciones y tendencias que antes permanecían ocultos. Gracias a ello, las empresas pueden anticipar cambios en el mercado, detectar riesgos de manera temprana y aprovechar oportunidades de negocio con una precisión nunca vista. En este sentido, el Big Data se convierte en un motor de ventaja competitiva y resiliencia empresarial.

Objetivos

- Analizar el contexto actual de la transformación digital y la era de los datos, comprendiendo cómo la revolución tecnológica ha impulsado la generación masiva de información y su impacto en las organizaciones.
- Entender la importancia estratégica de los datos como activo fundamental, evaluando cómo su correcta gestión y análisis permiten generar valor, detectar oportunidades y anticipar tendencias de mercado.
- Definir el concepto de Big Data y sus características principales, tales como el volumen, la velocidad, la variedad, la veracidad y el valor (las 5 V's), estableciendo su diferencia con los datos tradicionales y su potencial transformador.
- Explorar las tecnologías, herramientas y metodologías asociadas al ecosistema Big Data, incluyendo sistemas de almacenamiento, procesamiento y análisis distribuido, así como *frameworks* y plataformas líderes en el mercado.
- Reconocer la importancia de la calidad y la gobernanza de los datos en entornos Big Data, identificando los desafíos asociados a la integridad, seguridad y privacidad de la información.
- Valorar el papel de Big Data en la innovación y la competitividad empresarial, comprendiendo cómo su aplicación impacta en la mejora de procesos, en el desarrollo de nuevos productos y servicios, y en la personalización de la experiencia del cliente.
- Familiarizarse con casos reales y ejemplos de implementación de Big Data, desde la recopilación de grandes volúmenes de datos hasta su análisis avanzado y la toma de decisiones basadas en evidencias.

1. Desarrollar un mayor entendimiento del contexto que vivimos y la nueva era de los datos

La importancia de los datos como uno de los activos más estratégicos no puede subestimarse. En un entorno tan cambiante y competitivo, contar con datos de calidad y un enfoque adecuado para su explotación se ha convertido en una prioridad para las organizaciones líderes. Esta importancia va más allá de la simple recopilación de información: se trata de transformar los datos en conocimiento útil que impulse decisiones más inteligentes y ágiles. Las empresas que logran integrar el análisis de Big Data en sus procesos de negocio están mejor posicionadas para adaptarse, crecer y liderar en sus sectores.

Conocer qué es Big Data y cuáles son sus aspectos básicos es un paso fundamental para cualquier organización que desee iniciar su camino hacia la madurez digital. Big Data no solo implica manejar grandes volúmenes de información, sino también gestionar la velocidad con la que estos datos se generan y la variedad de formatos que presentan. Esta triple dimensión (volumen, velocidad y variedad) exige el uso de tecnologías y metodologías avanzadas que permitan procesar y analizar datos de forma eficiente y segura. Además, comprender las técnicas de integración, limpieza y visualización de datos es clave para maximizar su potencial.

El surgimiento de la necesidad de Big Data responde a un contexto cada vez más complejo, donde las decisiones deben tomarse con rapidez y basadas en evidencias sólidas. La fragmentación de la información entre diferentes sistemas y la falta de integración generan ineficiencias y limitan la capacidad de respuesta de las empresas. En este contexto, adoptar un enfoque de Big Data permite consolidar la información y convertirla en un activo estratégico que respalda la toma de decisiones en tiempo real. Así, las organizaciones pueden optimizar sus recursos, mejorar la experiencia del cliente y anticiparse a los cambios del mercado.

Analizar el valor de los datos, entender la evolución de las necesidades de Big Data y conocer sus aspectos básicos son pilares imprescindibles para la transformación digital y el éxito sostenible de las organizaciones. Herramientas como Hadoop, Spark y soluciones de almacenamiento y análisis en la nube están al alcance de las empresas que desean dar el salto hacia la analítica avanzada. Adoptar un enfoque estratégico de Big Data no solo facilita la adaptación a un mercado cambiante, sino que también abre las puertas a una cultura organizacional orientada al dato y a la innovación continua.

La identificación de los fundamentos del Big Data es esencial para entender cómo las organizaciones abordan el reto y la oportunidad que representa la gestión de volúmenes masivos de información en la era digital. Big Data no se limita únicamente a la cantidad de datos, sino que implica una transformación profunda en la forma en que se recopila, almacena, procesa y analiza la información para obtener valor y ventajas competitivas.

El concepto de Big Data se articula tradicionalmente en torno a las conocidas "V": Volumen, Velocidad, Variedad, Veracidad y Valor. El volumen hace referencia a la enorme cantidad de datos generados cada segundo por dispositivos, aplicaciones, sensores y transacciones digitales. La velocidad señala la rapidez con la que se producen y deben procesarse estos datos, muchas veces en tiempo real, para que resulten útiles. La variedad engloba los múltiples formatos y fuentes (datos estructurados, semiestructurados y no estructurados, como textos, imágenes, vídeos, registros de sensores o datos de redes sociales). La veracidad se refiere a la fiabilidad, la calidad y la consistencia de los datos, siendo fundamental filtrar la información relevante y eliminar el "ruido" o los errores. El valor, por último, implica la capacidad de transformar estos datos en información útil, relevante y accionable que impacte positivamente en la organización.

Fig. 1. El Big Data combina tecnologías, procesos y talento humano, en los centros de datos

La infraestructura tecnológica de Big Data se apoya en arquitecturas distribuidas y escalables. Herramientas y plataformas como Hadoop, Spark y bases de datos NoSQL (por ejemplo, MongoDB, Cassandra) permiten almacenar, procesar y analizar grandes volúmenes de datos de manera eficiente. Estas tecnologías favorecen la descentralización del procesamiento y el almacenamiento, reduciendo tiempos y costes, y posibilitando la gestión de información en entornos complejos y cambiantes.

La analítica de Big Data permite descubrir patrones ocultos, tendencias de comportamiento y correlaciones que serían imposibles de detectar con técnicas tradicionales. El análisis avanzado (incluyendo algoritmos de *machine learning* e inteligencia artificial) dota a las organizaciones de la capacidad de prever escenarios futuros, personalizar experiencias, optimizar operaciones y crear nuevos modelos de negocio basados en datos.

La gobernanza y la seguridad en Big Data son elementos críticos. El manejo responsable de información sensible y la protección frente a accesos no autorizados requieren políticas claras, cifrado de datos y cumplimiento normativo (por ejemplo, GDPR en el contexto europeo). Una adecuada estrategia de gobierno de datos garantiza la integridad, la calidad y la disponibilidad de la información a lo largo de todo su ciclo de vida.

"Cada dos días generamos más datos que los que se habían generado en toda la historia hasta 2003" (Eric Schmidt, ex CEO de Google).

El Big Data impulsa la innovación en sectores tan diversos como la salud, las finanzas, el comercio electrónico, la logística y las *smart cities*. Aplicaciones como el análisis predictivo de enfermedades, la detección de fraude financiero, la optimización de rutas logísticas o la gestión inteligente del tráfico urbano demuestran el potencial transformador de este enfoque.

El desarrollo de una cultura organizacional orientada al dato es imprescindible para aprovechar todo el potencial del Big Data. Esto implica no solo disponer de la tecnología adecuada, sino también fomentar la capacitación, la colaboración interdisciplinar y la mentalidad de aprendizaje continuo.

En definitiva, los fundamentos del Big Data combinan el dominio tecnológico, la gestión eficiente de datos masivos, el análisis avanzado y la cultura de innovación para convertir la información en el motor principal de la competitividad y la transformación digital.

El contexto de la nueva era de los datos está marcado por una revolución en la forma en que se produce, gestiona y aprovecha la información a nivel global. La sociedad se encuentra sumergida en un entorno hiperconectado, donde la digitalización abarca todos los ámbitos: desde la vida cotidiana hasta las operaciones más complejas en las organizaciones. Esta digitalización constante se traduce en la generación de un volumen de datos sin precedentes, impulsado por redes sociales, aplicaciones móviles, plataformas de comercio electrónico y la automatización de procesos industriales.

Fig. 2. La transformación digital empieza por entender los datos y trabajar en equipo todos a una

Uno de los motores clave de esta transformación es el Internet de las Cosas (IoT), que integra millones de dispositivos y sensores inteligentes en infraestructuras urbanas, fábricas, hogares y vehículos. Estos sistemas recopilan datos de manera continua, alimentando bases de datos gigantescas con información sobre hábitos de consumo, eficiencia energética, tráfico, condiciones ambientales y mucho más. La capacidad de obtener datos en tiempo real habilita nuevos modelos de negocio y optimiza los servicios en sectores como la salud, la logística y la industria manufacturera.

La velocidad con la que se generan y transmiten los datos representa un reto considerable. Las organizaciones necesitan procesar información en tiempo real para tomar decisiones oportunas y competitivas. Tecnologías como el *edge computing* y los sistemas de procesamiento en *streaming* han surgido para responder a esta demanda, permitiendo analizar eventos en el momento en que ocurren y proporcionando alertas inmediatas ante situaciones críticas.

La variedad de fuentes y formatos de datos ha crecido de manera exponencial. Ya no solo se gestionan bases de datos relacionales, sino también grandes volúmenes de datos no estructurados, como textos, vídeos, audios y registros provenientes de redes sociales. Esto requiere infraestructuras y algoritmos especializados para extraer valor, empleando técnicas avanzadas de *machine learning*, procesamiento del lenguaje natural y análisis de imágenes.

La democratización de la tecnología y la expansión del *cloud computing* han reducido las barreras de entrada para el almacenamiento y el análisis masivo de datos. Organizaciones de cualquier tamaño pueden acceder a soluciones escalables bajo demanda, desplegar plataformas de análisis sin inversiones iniciales elevadas y adaptarse rápidamente a cambios en el entorno de negocio. Esta accesibilidad ha favorecido la creación de ecosistemas colaborativos y la aceleración de la innovación.

Anotación

El entorno actual está marcado por un crecimiento exponencial de la información generada en tiempo real, impulsado por tecnologías emergentes como IoT, redes sociales y dispositivos móviles.

Sin embargo, esta nueva era plantea retos críticos en materia de integración, calidad y seguridad de los datos. Es imprescindible desarrollar arquitecturas flexibles que permitan consolidar información dispersa y garantizar su calidad, evitando errores o duplicidades que pueden distorsionar los análisis y afectar las decisiones estratégicas. La seguridad, el cifrado y el cumplimiento normativo se vuelven esenciales para proteger tanto los datos sensibles como la reputación de la organización.

El contexto actual también exige una cultura organizacional orientada al dato. Las empresas deben fomentar el desarrollo de competencias analíticas en todos los niveles, promover la colaboración multidisciplinar y apoyar la toma de decisiones basada en evidencias. La formación continua y el acceso a herramientas intuitivas de análisis son claves para que los equipos puedan extraer el máximo valor de la información disponible.

Finalmente, la nueva era de los datos abre un abanico de oportunidades para crear ventajas competitivas sostenibles. El análisis inteligente permite anticipar tendencias, personalizar la experiencia del cliente, optimizar la cadena de valor y generar innovación constante. Las organizaciones que logren transformar los datos en conocimiento accionable estarán mejor preparadas para adaptarse a los cambios, liderar en sus sectores y contribuir al desarrollo de una sociedad más eficiente, conectada y resiliente.

2. Entender la importancia de los datos como uno de los activos más estratégicos

La importancia de los datos como uno de los activos más estratégicos de las organizaciones se ha visto reforzada por la transformación digital y la creciente complejidad de los mercados. Los datos proporcionan una base objetiva para la toma de decisiones, permitiendo superar las limitaciones de la intuición o la experiencia personal. Al recopilar y analizar información de diferentes fuentes (como clientes, proveedores, operaciones internas y entorno competitivo) las empresas pueden comprender mejor su posición y anticipar los cambios del mercado.

El valor estratégico de los datos reside en su capacidad para convertirse en conocimiento accionable. Los datos, por sí solos, no generan impacto hasta que son procesados, interpretados y utilizados para orientar acciones concretas. La analítica avanzada y las herramientas de inteligencia artificial potencian esta capacidad al permitir descubrir patrones de comportamiento, predecir tendencias y segmentar audiencias con una precisión sin precedentes. Así, las organizaciones pueden optimizar campañas de marketing, anticipar demandas y ajustar su oferta a las necesidades cambiantes de los clientes.

Fig. 3. La velocidad de conexión entre sistemas es clave, se suele utilizar fibra óptica

La personalización de productos y servicios es otra ventaja competitiva clave que ofrece el aprovechamiento inteligente de los datos. El análisis detallado de preferencias, hábitos de consumo y puntos de contacto con los clientes permite diseñar experiencias a medida, incrementando la satisfacción y la fidelización. Las estrategias basadas en datos facilitan la creación de ofertas segmentadas y la adaptación de los canales de comunicación, mejorando la relevancia y el impacto de cada interacción.

La eficiencia operativa es otro aspecto en el que los datos juegan un papel esencial. El monitoreo en tiempo real de procesos productivos, la optimización de la cadena de suministro y la gestión predictiva de inventarios reducen costes y mejoran la calidad del servicio. Las organizaciones que logran digitalizar y analizar cada etapa de su operación pueden detectar ineficiencias, anticipar problemas y responder de manera ágil a las demandas del mercado.

Importante

Los datos permiten anticiparse a las necesidades del mercado, optimizar procesos y ofrecer experiencias personalizadas. Son la base para la analítica avanzada y la inteligencia artificial.

La integración de los datos en la cultura organizacional es fundamental para que su valor se multiplique de manera sostenible. Promover una mentalidad orientada al dato implica sensibilizar a todos los niveles de la empresa sobre la importancia de la información y dotar a los equipos de herramientas accesibles para su análisis. La democratización del acceso a los datos fomenta la colaboración, la creatividad y el aprendizaje continuo, fortaleciendo la capacidad de adaptación ante escenarios cambiantes.

La gestión adecuada de los datos, conocida como Data Governance, es imprescindible para garantizar la calidad, la seguridad y la integridad de la información. Un modelo robusto de gobierno de datos define políticas claras sobre acceso, uso y protección, minimizando riesgos legales y reputacionales. La trazabilidad y la auditoría de la información facilitan el cumplimiento normativo y refuerzan la confianza de clientes, socios y autoridades.

El aprovechamiento estratégico de los datos también permite desarrollar nuevas líneas de negocio y modelos de ingresos. La monetización de la información, el desarrollo de productos basados en análisis predictivo o la creación de plataformas de datos compartidos son ejemplos de cómo las empresas pueden diversificar su actividad y ampliar su alcance en el mercado digital.

Los datos constituyen la piedra angular sobre la que se construye la ventaja competitiva sostenible en la era digital. Su valor no depende únicamente de la tecnología, sino del enfoque estratégico y cultural que adopte la organización para convertir la información en acción, innovación y crecimiento. La capacidad de gestionar y analizar datos con eficacia será determinante para el éxito de cualquier empresa en el entorno actual y futuro.

Truco

Los datos permiten anticiparse a las necesidades del mercado, optimizar procesos y ofrecer experiencias personalizadas. Son la base para la analítica avanzada y la inteligencia artificial.

3. Conocer qué es Big Data y cuáles son sus aspectos básicos

Big Data es un concepto que ha revolucionado la gestión de la información en las organizaciones, permitiendo abordar retos que antes resultaban inabordables por las limitaciones de las tecnologías tradicionales. La definición de Big Data no solo está relacionada con la cantidad de datos, sino con la capacidad de capturarlos, procesarlos y analizarlos de forma eficiente para obtener valor y conocimiento útil en contextos complejos y cambiantes.

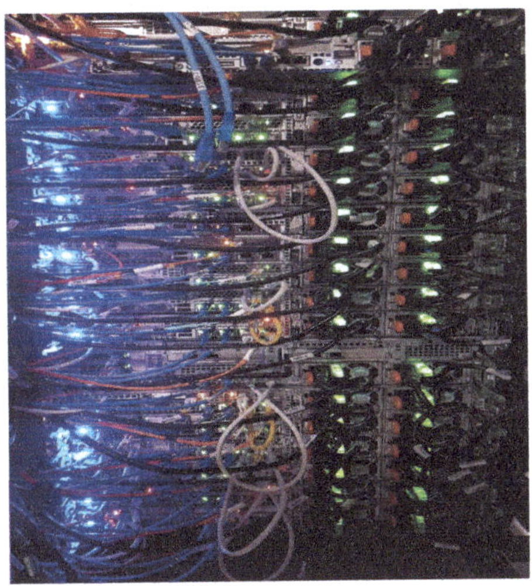

Fig. 4. El Big Data permite procesar grandes cantidades de datos de forma eficiente

El primer aspecto fundamental de Big Data es el **volumen**. Actualmente, la cantidad de datos generados por personas, dispositivos, sensores y sistemas empresariales crece de manera exponencial. Esta acumulación abarca desde registros de transacciones hasta clics en una página web, publicaciones en redes sociales o lecturas de sensores en tiempo real. El reto principal es que estas enormes cantidades de datos no pueden ser gestionadas ni procesadas eficazmente por los sistemas tradicionales de bases de datos.

La **velocidad** es la segunda característica clave. En la nueva era digital, los datos se generan y deben procesarse a gran rapidez. Por ejemplo, sistemas de monitorización industrial, transacciones bancarias y plataformas de comercio electrónico requieren análisis en tiempo real para detectar anomalías, responder a oportunidades de negocio o garantizar la seguridad. La capacidad de analizar los datos a medida que se reciben es esencial para transformar la información en ventajas competitivas.

El tercer elemento es la **variedad**. Big Data integra datos procedentes de múltiples fuentes y en múltiples formatos. Esto incluye datos estructurados como los almacenados en bases de datos relacionales, datos semiestructurados como archivos XML o JSON, y datos no estructurados como correos electrónicos, imágenes, vídeos, documentos de texto o publicaciones en redes sociales. El desafío está en poder consolidar, almacenar y analizar esta diversidad de información de forma coherente y eficiente.

Sugerencia

Comenzar explorando herramientas y plataformas de Big Data como Hadoop, Spark y bases de datos NoSQL para entender cómo se gestionan grandes volúmenes de información de forma escalable.

La **veracidad** se refiere a la calidad y fiabilidad de los datos. En un entorno tan amplio y diverso, es fundamental filtrar información errónea, duplicada o irrelevante. Garantizar la precisión y consistencia de los datos es clave para que los resultados del análisis sean útiles y confiables, evitando la toma de decisiones basada en información defectuosa.

El último pilar es el **valor**. Todo esfuerzo en Big Data debe estar orientado a transformar los datos en un activo estratégico que genere beneficios reales para la organización. Este valor se obtiene mediante el análisis avanzado, la identificación de patrones, la predicción de comportamientos y la automatización de procesos. Solo así se justifica la inversión en infraestructuras y tecnologías de procesamiento masivo de datos.

Las tecnologías que posibilitan Big Data han evolucionado rápidamente. Sistemas de procesamiento distribuido como Apache Hadoop y Apache Spark permiten dividir y gestionar grandes conjuntos de datos entre múltiples servidores, incrementando la velocidad y eficiencia de los análisis. Plataformas de mensajería como Apache Kafka facilitan el tratamiento de flujos de datos en tiempo real, mientras que las bases de datos NoSQL (como MongoDB y Cassandra) ofrecen soluciones flexibles y escalables para almacenar grandes volúmenes de información no estructurada.

El ecosistema de Big Data no solo se limita a la gestión y almacenamiento, sino que también habilitas aplicaciones avanzadas como el *machine learning*, la inteligencia artificial y la analítica predictiva. Estas disciplinas permiten descubrir correlaciones ocultas, anticipar tendencias, personalizar servicios y automatizar decisiones, ampliando enormemente las posibilidades de crecimiento y eficiencia para las organizaciones.

Adoptar una estrategia de Big Data implica también establecer una gestión rigurosa del dato, implementar mecanismos de seguridad y privacidad, y desarrollar una cultura organizacional orientada al uso de la información como motor de innovación y valor. En este contexto, el Big Data se consolida como uno de los pilares esenciales para la transformación digital y la sostenibilidad a largo plazo en el entorno empresarial y social.

Una cadena de supermercados puede recopilar datos de compras en tiempo real para ajustar su inventario de forma dinámica y personalizar sus ofertas a los clientes.

Resumen

El Big Data se ha convertido en un elemento esencial para que las organizaciones puedan competir y crecer en un entorno digital cada vez más complejo y dinámico. Vivimos una era en la que la generación de datos es constante y masiva, proveniente de múltiples fuentes que incluyen interacciones digitales, procesos industriales y dispositivos conectados. Gestionar y aprovechar esta avalancha de información se ha transformado en un activo estratégico fundamental para las empresas que buscan innovar y anticipar cambios en el mercado.

El valor real del Big Data reside en su capacidad para capturar, almacenar y analizar grandes volúmenes de información en diferentes formatos, revelando patrones, correlaciones y tendencias que no serían detectables con métodos tradicionales. Esta capacidad permite a las organizaciones anticipar riesgos, detectar oportunidades de negocio con mayor precisión y tomar decisiones informadas en tiempo real, lo que representa una ventaja competitiva clave para la resiliencia y el éxito sostenible.

Comprender el Big Data implica familiarizarse con sus características esenciales conocidas como las "5 V": volumen, velocidad, variedad, veracidad y valor.

El volumen hace referencia a la enorme cantidad de datos generados, la velocidad al ritmo en que estos datos deben procesarse, la variedad a la diversidad de formatos y fuentes, la veracidad a la calidad y confiabilidad de la información, y el valor al potencial de convertir esos datos en conocimiento útil que impulse acciones estratégicas.

La infraestructura tecnológica que soporta el Big Data se basa en arquitecturas distribuidas y escalables que facilitan el procesamiento eficiente de datos masivos. Plataformas como Hadoop, Spark y bases de datos NoSQL permiten manejar esta información compleja, mientras que tecnologías avanzadas como el *machine learning* y la inteligencia artificial potencian el análisis predictivo y la automatización de procesos, ampliando el horizonte de aplicaciones posibles en distintos sectores.

La importancia estratégica de los datos también exige que las organizaciones adopten una cultura orientada al dato, promoviendo competencias analíticas, colaboración interdisciplinar y una gestión rigurosa de la calidad, la seguridad y la privacidad de la información. La gobernanza del dato es vital para asegurar la integridad y el cumplimiento normativo, minimizando riesgos legales y fortaleciendo la confianza de clientes y socios.

Los beneficios del Big Data son evidentes en múltiples sectores, desde la salud, con análisis predictivo para diagnósticos tempranos, hasta la logística, optimizando rutas y recursos, o el comercio electrónico, personalizando la experiencia del usuario. Esta versatilidad y potencial transformador han hecho que el Big Data sea un pilar indispensable para la innovación, eficiencia y diferenciación competitiva en el mundo empresarial actual.

Finalmente, el dominio del Big Data no es solo una cuestión tecnológica, sino también estratégica y cultural. Para maximizar su impacto, las organizaciones deben integrar la gestión avanzada de datos en sus procesos, fomentar una mentalidad basada en evidencias y preparar a sus equipos para aprovechar al máximo las oportunidades que ofrece esta nueva era de la información.

Glosario

Analítica predictiva

Uso de modelos estadísticos y machine learning para anticipar comportamientos futuros y ayudar en la toma de decisiones estratégicas.

Big Data

Conjunto de datos caracterizados por su gran volumen, velocidad y variedad, que requieren tecnologías y metodologías avanzadas para su almacenamiento, procesamiento y análisis eficiente.

Data Lake

Repositorio de almacenamiento que conserva grandes volúmenes de datos en su formato original y no estructurado, facilitando análisis posteriores.

Edge Computing

Procesamiento de datos cerca de su fuente para reducir latencia y optimizar la velocidad de análisis en entornos con gran volumen de información.

Gobernanza de datos

Conjunto de políticas y procedimientos que garantizan la calidad, seguridad, privacidad y cumplimiento normativo en la gestión de datos.

Hadoop

Framework de software de código abierto que permite el procesamiento distribuido y escalable de grandes conjuntos de datos en *clusters* de computadoras.

Internet de las Cosas (IoT)

Red de dispositivos conectados que recopilan y transmiten datos en tiempo real, contribuyendo a la generación masiva de información para Big Data.

Machine Learning

Rama de la inteligencia artificial que utiliza algoritmos para que los sistemas aprendan de los datos y realicen predicciones o decisiones automáticas.

NoSQL

Familia de bases de datos diseñadas para manejar datos no estructurados o semiestructurados con alta escalabilidad y flexibilidad, como MongoDB o Cassandra.

Spark

Plataforma de procesamiento rápido de datos en memoria, que soporta análisis avanzados y *machine learning* sobre grandes volúmenes de datos.

Valor

Capacidad de transformar datos brutos en información relevante y accionable que aporte beneficios estratégicos y competitivos a la organización.

Variedad

Diversidad de formatos y tipos de datos que incluye información estructurada, semiestructurada y no estructurada como textos, imágenes, vídeos y registros de sensores.

Velocidad

Rapidez con la que los datos se generan y deben ser procesados, muchas veces en tiempo real, para que la información sea útil y accionable.

Veracidad

Calidad, precisión y fiabilidad de los datos, que es fundamental para obtener análisis útiles y tomar decisiones basadas en información confiable.

Volumen

Cantidad masiva de datos generados continuamente por dispositivos, aplicaciones y sensores, que supera la capacidad de gestión de sistemas tradicionales.

Ejercicios de autoevaluación

1. ¿Cuál es uno de los principales desafíos del Big Data?

    a. La falta de almacenamiento físico.

    b. La dificultad para generar datos.

    c. Gestionar la velocidad y variedad de la información.

    d. La escasez de dispositivos conectados.

2. ¿Cuál de las 5 V's del Big Data se refiere a la fiabilidad y precisión de los datos?

    a. Volumen.

    b. Velocidad.

    c. Veracidad.

    d. Variedad.

3. ¿Qué describe mejor el concepto de Big Data?

    a. Uso de pequeñas bases de datos.

    b. Captura, almacenamiento y análisis masivo de datos.

    c. Recolección manual de información.

    d. Exclusivamente datos estructurados.

4. ¿Qué característica del Big Data permite el análisis en tiempo real?

    a. Volumen.

    b. Velocidad.

    c. Variedad.

    d. Veracidad.

5. ¿Qué aspecto clave del Big Data permite descubrir patrones y correlaciones ocultas?

a. Sumar datos sin procesarlos.

b. Limitarse a informes anuales.

c. Análisis avanzado y *machine learning*.

d. Excluir datos no estructurados.

6. ¿Qué significa la "Variedad" en Big Data?

a. Solo textos e imágenes.

b. Exclusivamente redes sociales.

c. Datos estructurados de una única fuente.

d. Diversos formatos y orígenes de datos.

7. ¿Por qué el Big Data es considerado un activo estratégico?

a. Porque reduce la necesidad de software.

b. Porque elimina la competencia.

c. Porque reemplaza al ERP.

d. Porque transforma datos en conocimiento útil para la toma de decisiones.

8. ¿Qué herramienta tecnológica facilita el procesamiento distribuido en Big Data?

a. WordPress.

b. Photoshop.

c. Hadoop.

d. Excel.

9. ¿Cuál es una ventaja de la analítica de Big Data?

    a. Generar archivos PDF.

    b. Enviar correos electrónicos automáticos.

    c. Descubrir tendencias y comportamientos.

    d. Reducir la velocidad de los procesos.

10. ¿Qué elemento es esencial para garantizar la calidad de los datos?

    a. Ignorar duplicidades.

    b. Gobernanza de datos.

    c. Uso de hardware antiguo.

    d. Distribuir los datos sin control.

U. A. 4. Estudio del desarrollo de una estrategia de datos

Introducción

En un entorno cada vez más orientado al aprovechamiento de la información, las organizaciones necesitan definir estrategias de datos sólidas que les permitan tomar decisiones informadas, optimizar sus procesos y mantener la competitividad. Esta unidad ofrece una visión estructurada y práctica sobre cómo desarrollar una estrategia de datos eficaz y alineada con los objetivos del negocio.

A lo largo de la unidad, se explorarán las distintas opciones existentes para diseñar una estrategia de datos, analizando sus ventajas e inconvenientes en función del contexto y las necesidades específicas de cada organización. Además, se profundizará en los elementos clave que deben considerarse en este proceso, como la gobernanza de los datos, la calidad, la seguridad, y el papel de las personas y la tecnología.

Objetivos

- Conocer las diferentes opciones disponibles para desarrollar una estrategia de datos, entendiendo las características de cada enfoque y su adecuación a las necesidades y recursos de la organización.

- Analizar las principales ventajas e inconvenientes de los distintos enfoques estratégicos, evaluando su impacto en aspectos clave como la seguridad, la escalabilidad, la gobernanza y la capacidad de respuesta a las necesidades del negocio.

- Profundizar en los aspectos críticos que deben considerarse a la hora de definir la estrategia de datos en una organización, como la calidad de los datos, la integración con otros sistemas, la gestión del cambio y la alineación con los objetivos corporativos.

- Identificar los procesos, herramientas y metodologías necesarias para implementar una estrategia de datos eficaz, desde la recopilación y almacenamiento hasta el análisis y la visualización, asegurando que los datos se conviertan en un activo estratégico.

- Comprender cómo una estrategia de datos bien definida permite a la organización anticipar tendencias, optimizar procesos y generar valor de manera sostenible en un entorno empresarial dinámico y altamente competitivo.

- Valorar la importancia de fomentar una cultura organizacional orientada al dato, donde la toma de decisiones se base en información fiable y actualizada, impulsando la transformación digital y el crecimiento empresarial.

- Reconocer la relación entre una estrategia de datos sólida y la capacidad de la organización para adaptarse ágilmente a los desafíos del mercado y aprovechar las oportunidades de innovación.

- Familiarizarse con ejemplos reales de implementación de estrategias de datos, identificando mejores prácticas y lecciones aprendidas que permitan aplicar los conocimientos adquiridos a diferentes contextos empresariales.

1. Conocer las distintas opciones que hay en el desarrollo de una estrategia de datos

En la era digital actual, el desarrollo de una estrategia de datos se ha convertido en un imperativo estratégico para las organizaciones que desean mantenerse competitivas y orientadas al crecimiento. Cada decisión empresarial, cada interacción con el cliente y cada proceso operativo generan datos que, si se gestionan adecuadamente, pueden convertirse en una ventaja competitiva de gran valor. Comprender las diferentes opciones para desarrollar una estrategia de datos sólida y adaptada al contexto empresarial es el primer paso hacia una cultura orientada al dato y una transformación digital efectiva.

El desarrollo de una estrategia de datos no es un proceso único ni uniforme. Existen diferentes enfoques y metodologías que las organizaciones pueden adoptar en función de su madurez digital, sector de actividad y objetivos estratégicos. Desde estrategias centradas en la gobernanza y calidad del dato hasta aquellas basadas en la analítica avanzada y la inteligencia artificial, cada opción ofrece oportunidades y desafíos que deben evaluarse cuidadosamente para garantizar la alineación con las necesidades del negocio.

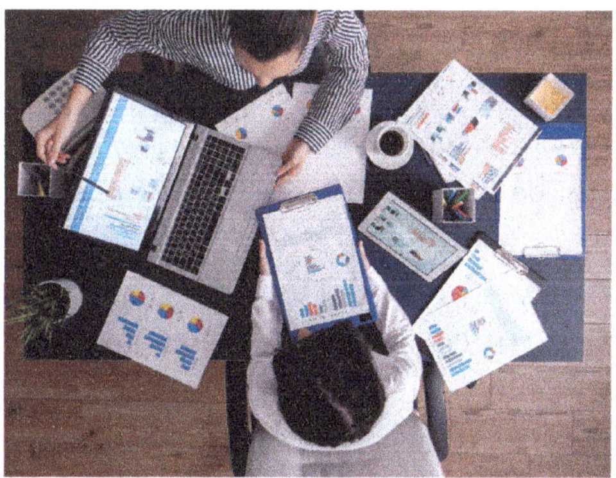

Fig. 1. Uno de los aspectos clave en este proceso es identificar las ventajas y desventajas de cada enfoque estratégico

Mientras que algunas organizaciones priorizan la centralización y el control de sus datos para asegurar la calidad y la consistencia, otras apuestan por modelos descentralizados que fomentan la agilidad y la innovación. Cada elección implica un equilibrio entre control, flexibilidad y escalabilidad, y requiere un análisis profundo de los recursos, capacidades y objetivos de la organización.

El proceso de definición de la estrategia de datos también debe contemplar aspectos críticos como la seguridad, la privacidad, la integración de fuentes de información heterogéneas y la adopción de tecnologías emergentes. La correcta definición de estos elementos garantiza que la estrategia no solo sea viable en el corto plazo, sino que también sea sostenible y escalable a medida que evolucionan las necesidades de la organización y el entorno competitivo.

 **Anotación**

El desarrollo de una estrategia de datos sólida es un paso esencial para cualquier organización que desee aprovechar al máximo el valor de su información y convertirla en un activo estratégico. Esta introducción establece las bases para comprender cómo abordar esta tarea de manera efectiva y adaptada a las necesidades específicas de cada empresa.

En este sentido, resulta indispensable analizar las opciones tecnológicas, organizacionales y culturales que permitan a las organizaciones transformar sus datos en conocimiento accionable. Esto incluye desde la definición de políticas de gobierno del dato hasta la selección de herramientas de análisis y visualización, pasando por el diseño de arquitecturas de datos robustas y flexibles que permitan adaptarse a las nuevas demandas del mercado.

En definitiva, el estudio del desarrollo de una estrategia de datos no es solo un ejercicio técnico, sino también un elemento esencial para potenciar la inteligencia empresarial y la innovación. Con una estrategia de datos adecuada, las organizaciones pueden convertir la información en un activo estratégico, optimizar procesos, anticipar tendencias y, en última instancia, fortalecer su capacidad para competir y crecer en la economía digital.

El estudio del desarrollo de una estrategia de datos comienza con el reconocimiento de los datos como activos fundamentales para la organización. La formulación de una estrategia de datos sólida exige entender cómo los datos pueden potenciar la eficiencia, la competitividad y la innovación, definiendo prioridades y objetivos claros alineados con la visión global del negocio.

Fig. 2. Estudiar de forma amplia y mediante gráficos que aporten valor real

La fase inicial consiste en el análisis del entorno de datos de la organización. Es esencial realizar un inventario de las fuentes de información disponibles, su formato, volumen, frecuencia de actualización y el grado de accesibilidad para los distintos departamentos. Este mapeo permite identificar posibles silos de datos, redundancias y carencias, así como evaluar el potencial de los activos informativos ya existentes.

A continuación, la definición de objetivos es primordial. Determinar qué se espera lograr con la estrategia de datos orienta todas las decisiones posteriores: desde la selección de tecnologías hasta el diseño de procesos. Entre los objetivos habituales se incluyen la mejora de la toma de decisiones, la optimización de procesos, la personalización de servicios y el cumplimiento de regulaciones.

El diseño de la arquitectura tecnológica es un pilar central en el desarrollo de la estrategia. Elegir entre modelos de almacenamiento centralizado (Data Warehouse), flexible (Data Lake), descentralizado (Data Mesh) o híbrido (Lakehouse) dependerá del tipo de datos, el volumen, las necesidades analíticas y la velocidad de acceso requerida. Una arquitectura robusta debe garantizar escalabilidad, rendimiento, seguridad y facilidad de integración con otras plataformas.

La gobernanza de los datos constituye otro eje estratégico. Definir políticas claras sobre acceso, privacidad, calidad, retención y protección de la información es imprescindible para evitar riesgos legales y garantizar la confiabilidad de los análisis. La implementación de controles y auditorías, junto con procesos de calidad y trazabilidad, refuerza la integridad y la transparencia del sistema de datos.

El componente humano es tan importante como el tecnológico. Formar equipos multidisciplinares, promover la capacitación continua y fomentar una cultura orientada al dato son acciones que aseguran que la estrategia sea comprendida, adoptada y aplicada en toda la organización. La democratización del acceso a los datos potencia la colaboración y la innovación en todos los niveles.

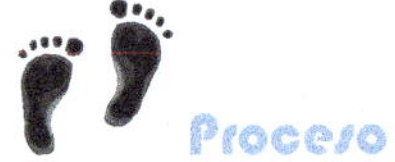

El desarrollo de una estrategia de datos puede seguir varios enfoques, como la centralización en un Data Warehouse, el uso de un Data Lake para grandes volúmenes de datos no estructurados, o una arquitectura híbrida que combine ambos modelos. La elección dependerá de factores como el tipo de datos, el sector y la capacidad tecnológica de la organización.

La integración de herramientas de análisis y visualización permite transformar los datos en información accionable. La elección de soluciones como Power BI, Tableau, Qlik Sense o plataformas de *machine learning* facilita la exploración, interpretación y explotación eficiente de los datos, permitiendo identificar oportunidades, anticipar riesgos y mejorar la toma de decisiones.

El ciclo de vida de la estrategia de datos debe contemplar la revisión y adaptación continua. Evaluar periódicamente los resultados obtenidos, los avances tecnológicos y los cambios en el entorno competitivo permite ajustar la estrategia para mantener su relevancia y eficacia. Solo mediante la mejora constante y la capacidad de respuesta ágil a nuevos desafíos es posible consolidar una organización verdaderamente *data-driven* y preparada para liderar en la era digital.

Anotación

El diseño de una estrategia de datos robusta es un proceso fundamental para que las organizaciones puedan extraer el máximo valor de la información que generan y gestionan. En la actualidad, existen diversas alternativas tecnológicas y conceptuales para estructurar el almacenamiento, la gobernanza y el análisis de los datos, cada una con ventajas, retos y aplicaciones específicas según el tipo de organización y sus objetivos.

El modelo de Data Warehouse constituye una de las soluciones más consolidadas en el entorno empresarial. Se basa en la centralización de la información en repositorios estructurados y optimizados para el análisis. En este enfoque, los datos, previamente depurados y normalizados, se integran en bases relacionales, permitiendo consultas eficientes, generación de informes, cuadros de mando y análisis histórico. Esta opción resulta especialmente útil para empresas que requieren trazabilidad, integridad y reportes periódicos de grandes volúmenes de datos estructurados.

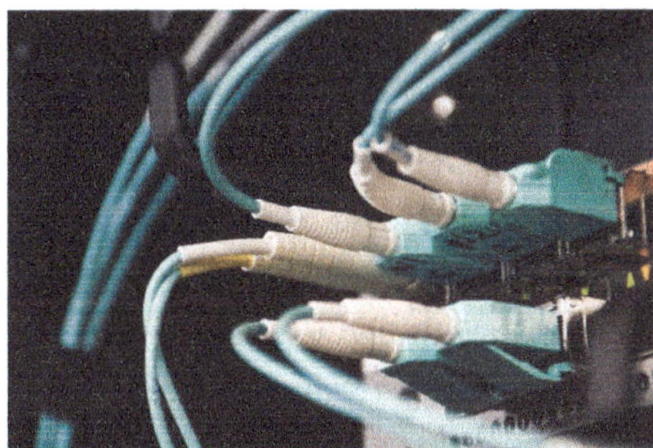

Fig. 3. Los centros de datos son parte fundamental de cualquier empresa

Por su parte, el Data Lake representa una evolución hacia una mayor flexibilidad y escalabilidad en la gestión de datos. Este enfoque permite almacenar datos de cualquier tipo y en cualquier formato (estructurados, semiestructurados o no estructurados), sin necesidad de modelado previo. Los Data Lakes son ideales para proyectos de analítica avanzada, big data y *machine learning*, ya que posibilitan la ingesta masiva de información y su análisis posterior. No obstante, requieren mecanismos sólidos de gobernanza y calidad para evitar el caos o la conversión en un "*data swamp*".

El modelo Data Mesh surge como respuesta a la complejidad y escalabilidad de los datos en organizaciones grandes y distribuidas. Rompe con la visión centralizada tradicional y promueve la descentralización, asignando la responsabilidad del ciclo de vida de los datos a los distintos dominios de negocio (marketing, ventas, operaciones, etc.). De este modo, cada dominio gestiona sus propios activos de datos como productos, bajo estándares comunes de interoperabilidad y calidad. Data Mesh fomenta la colaboración, la agilidad y la democratización del acceso a la información, permitiendo que la innovación ocurra en toda la organización.

Novedad

Una tendencia reciente es el Lakehouse o lago de datos híbrido, que fusiona las capacidades del Data Lake y el Data Warehouse. Este enfoque integra la flexibilidad y el almacenamiento masivo de los Data Lakes con la gobernanza, el rendimiento y las funcionalidades analíticas de los Data Warehouses. Permite trabajar con datos en crudo o procesados, habilitando tanto análisis exploratorios como consultas estructuradas de alto rendimiento en un mismo entorno.

A la hora de elegir entre estas opciones, es esencial considerar factores como la naturaleza y volumen de los datos, los requisitos de seguridad y cumplimiento normativo, la velocidad de acceso y procesamiento y los objetivos analíticos del negocio. No existe una solución única que sirva para todos los escenarios; en muchos casos, las organizaciones optan por arquitecturas híbridas que combinan distintas tecnologías según las necesidades de cada área.

Ejemplo

Una empresa del sector *retail* puede optar por un Data Warehouse para analizar datos de ventas y clientes de forma estructurada, mientras que una empresa de tecnología que maneja grandes volúmenes de logs y datos sin estructurar puede preferir un Data Lake.

La gobernanza de los datos se convierte en un pilar transversal en cualquier estrategia. Definir políticas claras de acceso, calidad, privacidad y seguridad resulta imprescindible para garantizar que la información sea confiable, esté disponible para quienes la necesitan y cumpla con la regulación vigente. La estandarización de procesos y la automatización de flujos de datos refuerzan la integridad y la eficiencia del sistema.

La adopción de nuevas arquitecturas debe ir acompañada de un cambio cultural y organizativo. Promover una cultura orientada al dato implica formar equipos multidisciplinares, fomentar la colaboración entre áreas y garantizar la capacitación continua en nuevas herramientas y metodologías. Solo así es posible convertir el dato en un recurso estratégico y motor de innovación.

Finalmente, la evolución constante de la tecnología obliga a una revisión periódica de la estrategia de datos. Evaluar el rendimiento, adaptar la arquitectura a nuevas demandas y explorar tendencias emergentes —como la inteligencia artificial, el procesamiento en tiempo real o el *edge computing*— asegura la sostenibilidad y la competitividad de la organización en un entorno dinámico y en permanente transformación.

2. Estudiar las principales ventajas e inconvenientes de los diferentes enfoques para definir una estrategia de datos

El análisis de los diferentes enfoques para definir una estrategia de datos es crucial para elegir la solución que mejor se adapte a las necesidades de la organización. Cada modelo presenta ventajas e inconvenientes particulares que influyen directamente en la eficiencia, el rendimiento y la capacidad de adaptación de la empresa al entorno digital.

Fig. 4. Analizar las ventajas e inconvenientes de cada enfoque ayuda a seleccionar la estrategia más adecuada para la organización

El Data Warehouse se destaca por su alta calidad de datos y una gobernanza consolidada. Ofrece un entorno estructurado y optimizado para consultas analíticas complejas, lo que facilita la obtención de informes fiables y la trazabilidad de la información. Además, su enfoque relacional garantiza la integridad y coherencia de los datos. Sin embargo, su flexibilidad es limitada ante la incorporación de datos no estructurados o semiestructurados, lo que puede restringir su capacidad de respuesta en entornos que evolucionan rápidamente. Los procesos de integración suelen requerir inversiones significativas de tiempo y recursos, y su estructura rígida puede dificultar la adaptación ante cambios tecnológicos o nuevas demandas del negocio.

El Data Lake se caracteriza por su escalabilidad y flexibilidad, permitiendo almacenar grandes volúmenes de información en su formato original. Esta capacidad es especialmente útil para proyectos de analítica avanzada, *machine learning* o inteligencia artificial, ya que facilita el acceso a datos variados y la experimentación con nuevos enfoques analíticos. Sin embargo, la ausencia de una gobernanza sólida puede convertir el Data Lake en un "*data swamp*", donde la falta de control y calidad reduce el valor de la información almacenada. La gestión de la calidad de los datos y el establecimiento de políticas claras de organización y acceso resultan fundamentales para evitar la degradación y el caos informativo.

El enfoque Data Mesh introduce una visión descentralizada y orientada al dominio, repartiendo la responsabilidad de los datos entre los equipos de negocio. Esta descentralización potencia la autonomía, agiliza la innovación y mejora la alineación entre la estrategia de datos y las necesidades operativas de cada área. Además, favorece la escalabilidad a medida que la organización crece o se diversifica. Sin embargo, para que funcione correctamente, es indispensable contar con una cultura de datos madura y bien distribuida en todos los equipos. La carencia de un modelo de gobernanza robusto puede derivar en la aparición de nuevos silos, falta de interoperabilidad y pérdida de calidad o trazabilidad en los activos informativos.

El modelo Lakehouse surge como respuesta a la necesidad de unir lo mejor de los Data Warehouses y los Data Lakes. Permite gestionar tanto datos estructurados como no estructurados en un entorno único, favoreciendo la integración de procesos analíticos, la reducción de costes asociados a la duplicación de datos y la simplificación de la gobernanza. Este enfoque proporciona una mayor versatilidad en el análisis y facilita la exploración de datos en diferentes etapas del ciclo de vida. No obstante, su correcta explotación requiere tecnologías avanzadas y una curva de aprendizaje significativa para equipos acostumbrados a modelos tradicionales.

La elección del enfoque adecuado implica sopesar las ventajas en términos de rendimiento, flexibilidad y capacidad de integración frente a los posibles inconvenientes relacionados con el coste, la complejidad y la gobernanza. En muchos casos, las organizaciones optan por combinar varios modelos para cubrir distintas necesidades de negocio, utilizando por ejemplo un Data Warehouse para el *reporting* financiero y un Data Lake o Lakehouse para el análisis avanzado y la experimentación con nuevos modelos.

Es fundamental realizar un análisis detallado de los requerimientos, el volumen y la naturaleza de los datos, el nivel de madurez digital de la organización y la disponibilidad de competencias internas antes de decidirse por uno u otro enfoque. La planificación debe incluir no solo la arquitectura tecnológica, sino también políticas de gestión, formación y cultura organizacional.

Las herramientas y plataformas tecnológicas juegan un papel clave en el éxito de cada estrategia. La selección debe considerar tanto las capacidades analíticas como la facilidad de integración, la seguridad y la escalabilidad. Asimismo, la automatización de procesos de calidad y gobernanza es vital para garantizar la sostenibilidad y el crecimiento a largo plazo de la estrategia de datos.

En resumen, la definición de una estrategia de datos eficaz pasa por equilibrar innovación y control, experimentación y rigor, aprovechando al máximo las fortalezas de cada enfoque y mitigando sus posibles riesgos a través de una gestión proactiva, interdisciplinar y orientada al valor.

3. Ahondar en los aspectos principales a tener en cuenta a la hora de definir la estrategia de datos en una organización

El diseño de una estrategia de datos efectiva requiere analizar y abordar diversos factores que determinarán el éxito de la gestión y el aprovechamiento de la información dentro de la organización. El primer aspecto a considerar es la calidad de los datos. La precisión, integridad, consistencia y actualidad de los datos son fundamentales para garantizar que los análisis y las decisiones derivadas de ellos sean fiables. Un proceso de depuración y validación permanente debe formar parte de cualquier arquitectura de datos robusta, evitando errores que puedan derivar en resultados incorrectos o decisiones desacertadas.

Fig. 5. La revisión de los datos es imprescindible, además de tener a un especialista para esa labor

La gobernanza de los datos es otro pilar esencial. Definir políticas claras para la gestión de metadatos, accesos, niveles de confidencialidad y uso de la información permite controlar el ciclo de vida de los datos y minimizar riesgos asociados a la dispersión o mal uso. La gobernanza sólida facilita el cumplimiento de normativas, la trazabilidad y la estandarización de prácticas en toda la organización, contribuyendo a una gestión más eficiente y segura.

En relación con la integración y la arquitectura, es clave seleccionar el modelo adecuado (ya sea centralizado, descentralizado o híbrido) según las necesidades y capacidades del negocio. Los procesos ETL (Extract, Transform, Load) o ELT (Extract, Load, Transform) son imprescindibles para consolidar datos de distintas fuentes, asegurando la coherencia y disponibilidad en tiempo y forma. La arquitectura seleccionada debe permitir tanto el almacenamiento eficiente como el acceso rápido y flexible a la información relevante para cada área.

La seguridad y privacidad de los datos adquiere cada vez mayor relevancia ante la proliferación de ciberamenazas y la exigencia de regulaciones internacionales como el GDPR. Implementar medidas de protección, cifrado, gestión de identidades y monitorización de accesos es fundamental para evitar fugas o ataques. La definición de roles y permisos, junto a la educación sobre buenas prácticas, fortalece la seguridad y protege la reputación corporativa.
Fomentar una cultura organizacional orientada al dato es un reto y una necesidad. Lograr que todos los miembros de la organización entiendan el valor estratégico de la información, adopten herramientas analíticas y participen activamente en la generación de *insights*, es clave para el éxito. La formación continua, el liderazgo ejemplar y la promoción de una mentalidad *data-driven* contribuyen a superar resistencias y aprovechar todo el potencial de la analítica.

La escalabilidad y flexibilidad deben guiar el diseño de los sistemas de datos, permitiendo su adaptación al crecimiento del negocio y la incorporación de nuevas tecnologías como inteligencia artificial, IoT o analítica avanzada. Un entorno tecnológico capaz de evolucionar y escalar según las necesidades garantiza la sostenibilidad de la estrategia a largo plazo, evitando bloqueos o costosos rediseños futuros.

Anotación

Una métrica clave es el porcentaje de datos accesibles y de calidad en la organización. Calcularlo permite identificar brechas y prioridades en la estrategia de datos.

El retorno de la inversión (ROI) y la alineación estratégica constituyen el eje vertebrador de toda estrategia de datos. Es imprescindible asegurar que la inversión en infraestructuras, herramientas y talento esté alineada con los objetivos del negocio y genere valor tangible. La medición periódica de resultados y el ajuste de la estrategia en función de los logros alcanzados permiten maximizar el impacto y mantener la relevancia frente a los desafíos del entorno.

Por último, la selección de herramientas tecnológicas y metodologías adecuadas facilita la implementación exitosa de la estrategia. Plataformas como Snowflake, Databricks o Google BigQuery ofrecen soluciones robustas para el almacenamiento y procesamiento escalable. Herramientas de integración de flujos de datos como Apache Kafka o NiFi agilizan la orquestación de procesos y la disponibilidad de información en tiempo real. La combinación de tecnologías, buenas prácticas y talento garantiza una estrategia de datos eficiente, adaptable y preparada para los retos del futuro.

Resumen

El desarrollo de una estrategia de datos es hoy un elemento clave para que las organizaciones puedan competir y crecer en un entorno empresarial dominado por la información. Esta estrategia permite transformar los datos generados en todas las áreas del negocio en un activo valioso, orientado a mejorar la eficiencia, la innovación y la toma de decisiones. Comprender las distintas opciones para diseñar y desplegar esta estrategia es fundamental para adaptarse a las particularidades de cada organización y sector.

Existen múltiples enfoques para estructurar una estrategia de datos, desde modelos centralizados como el Data Warehouse, que ofrece control y calidad, hasta soluciones más flexibles como los Data Lakes, ideales para grandes volúmenes y formatos variados de información. Alternativas más recientes como Data Mesh y Lakehouse combinan la descentralización con la integración, permitiendo a las organizaciones escalar y democratizar el acceso a los datos sin perder gobernanza ni rendimiento.

Cada enfoque presenta ventajas y desafíos particulares que deben evaluarse cuidadosamente. Por ejemplo, el Data Warehouse garantiza integridad y trazabilidad pero puede ser rígido ante nuevos formatos de datos, mientras que el Data Lake ofrece flexibilidad a costa de requerir una gobernanza muy estricta para evitar el caos informativo. La elección correcta depende del contexto tecnológico, la cultura organizacional y los objetivos estratégicos.

La calidad y gobernanza de los datos son pilares imprescindibles para una estrategia exitosa. La precisión, integridad y seguridad de la información deben asegurarse mediante políticas claras, procesos de validación y controles constantes, además de cumplir con normativas como el GDPR. La integración de los datos desde distintas fuentes y su arquitectura (centralizada, descentralizada o híbrida) deben facilitar el acceso rápido, seguro y confiable para los usuarios y sistemas que los requieran.

No menos importante es fomentar una cultura orientada al dato dentro de la organización, promoviendo la formación, la colaboración entre equipos y la adopción de herramientas analíticas. El componente humano es decisivo para que la estrategia de datos se traduzca en valor real y no quede solo en un ejercicio tecnológico. Además, la escalabilidad y flexibilidad tecnológica deben garantizar que la estrategia evolucione acorde con el crecimiento y los cambios del negocio.

El retorno de la inversión y la alineación con los objetivos corporativos marcan el rumbo de la estrategia, requiriendo medición continua y ajustes según resultados y cambios en el entorno competitivo. La selección adecuada de tecnologías, desde plataformas de almacenamiento y procesamiento como Snowflake o Google BigQuery, hasta herramientas de integración y visualización, es fundamental para lograr un sistema eficiente, seguro y adaptable.

En definitiva, el estudio y diseño de una estrategia de datos va más allá de lo técnico: es un motor para la inteligencia empresarial y la transformación digital que permite a las organizaciones anticipar tendencias, optimizar recursos y mantenerse competitivas en la economía digital actual.

Glosario

Arquitectura tecnológica

Diseño estructural de los sistemas y plataformas que soportan la gestión, almacenamiento, procesamiento y análisis de datos en la empresa.

Calidad de datos

Característica que asegura que los datos sean precisos, completos, consistentes y estén actualizados para su uso confiable en análisis y decisiones.

Cultura orientada al dato

Mentalidad organizacional que valora el uso sistemático de datos confiables para la toma de decisiones y promueve la formación y colaboración en torno a la analítica.

Data Lake

Repositorio que permite almacenar datos en su forma original y sin estructura fija, facilitando la ingesta masiva y la analítica avanzada.

Data Mesh

Enfoque descentralizado para la gestión de datos donde cada dominio de negocio gestiona sus propios datos como productos, fomentando autonomía y escalabilidad.

Data Warehouse

Sistema centralizado que almacena datos estructurados provenientes de múltiples fuentes, optimizado para consultas analíticas y generación de informes.

ELT (Extract, Load, Transform)

Variante de ETL donde los datos se cargan primero en el repositorio y luego se transforman, permitiendo mayor flexibilidad y velocidad en ciertos contextos.

Escalabilidad

Capacidad de un sistema o estrategia para crecer y adaptarse al aumento en volumen de datos, usuarios o necesidades sin pérdida de rendimiento.

Estrategia de datos

Plan integral que define cómo una organización gestiona, almacena, analiza y utiliza sus datos para apoyar sus objetivos estratégicos y operativos.

ETL (Extract, Transform, Load)

Proceso para extraer datos de fuentes diversas, transformarlos para garantizar calidad y consistencia, y cargarlos en sistemas de almacenamiento centralizados.

Gobernanza de datos

Conjunto de políticas, procesos y controles que aseguran la calidad, seguridad, privacidad y gestión adecuada de los datos en la organización.

Integración de datos

Proceso de combinar datos de diferentes fuentes para proporcionar una visión coherente y unificada que facilite el análisis y la toma de decisiones.

Lakehouse

Arquitectura híbrida que combina las características de Data Lake y Data Warehouse, ofreciendo flexibilidad para datos estructurados y no estructurados con gobernanza centralizada.

ROI (Retorno de la inversión)

Medida financiera que evalúa la rentabilidad y el valor generado por las inversiones en infraestructura, tecnologías y talento para la estrategia de datos.

Seguridad de datos

Medidas técnicas y organizativas implementadas para proteger los datos contra accesos no autorizados, pérdida o alteración.

Ejercicios de autoevaluación

1. ¿Qué es lo primero que debe realizar una organización antes de definir su estrategia de datos?

a. Contratar consultores externos.

b. Implementar herramientas de visualización.

c. Realizar un inventario de las fuentes de información.

d. Crear un Data Warehouse.

2. ¿Qué modelo de almacenamiento destaca por su flexibilidad y escalabilidad?

a. Data Warehouse.

b. Data Lake.

c. Data Mesh.

d. Lakehouse.

3. ¿Cuál de estos modelos fomenta la descentralización y la gestión de los datos por dominio?

a. Data Warehouse.

b. Lakehouse.

c. Data Mesh.

d. Data Mart.

4. ¿Qué característica fundamental aporta el modelo Data Lakehouse?

a. Integración exclusivamente de datos estructurados.

b. Centralización de datos sin posibilidad de escalar.

c. Combina flexibilidad y gobernanza analítica.

d. Solo permite almacenar datos relacionales.

5. ¿Qué aspecto es clave para evitar que un Data Lake se convierta en un "*data swamp*"?

   a. Limitar el acceso de usuarios externos.
   b. Reducir el volumen de datos almacenados.
   c. Implementar ETL básicos.
   d. Establecer una gobernanza sólida de calidad de datos.

6. ¿Cuál es una ventaja principal del Data Warehouse frente a otros modelos?

   a. Capacidad de almacenar datos no estructurados.
   b. Alta calidad y gobernanza consolidada.
   c. Gestión descentralizada.
   d. Integración nativa con *machine learning*.

7. ¿Por qué es importante la gobernanza de los datos en una organización?

   a. Para restringir el acceso a los empleados.
   b. Para almacenar todos los datos de forma indefinida.
   c. Para definir políticas de calidad, seguridad y privacidad.
   d. Para aumentar la velocidad de procesamiento.

8. ¿Qué elemento NO es una ventaja directa del modelo Data Mesh?

   a. Mayor agilidad e innovación.
   b. Escalabilidad organizativa.
   c. Complejidad reducida.
   d. Gestión descentralizada.

9. ¿Qué modelo de almacenamiento es ideal para proyectos de analítica avanzada y big data?

    a. Data Warehouse.

    b. Data Mart.

    c. Data Lake.

    d. OLAP.

10. ¿Por qué es relevante la cultura organizacional orientada al dato?

    a. Para reducir el número de herramientas tecnológicas.

    b. Para eliminar la necesidad de gobernanza.

    c. Para que todos comprendan el valor estratégico de la información.

    d. Para limitar la democratización del acceso a los datos.

U. A. 5. Identificación de los elementos clave para el gobierno y gestión de los datos

Introducción

La gestión adecuada de los datos se ha convertido en uno de los pilares fundamentales de la transformación digital y de la estrategia competitiva de las organizaciones. En un mundo cada vez más orientado a la información, identificar y gestionar de forma eficaz los datos permite a las empresas mejorar su capacidad de análisis, generar conocimiento y tomar decisiones basadas en evidencia. Esta unidad se centra en la identificación de los elementos clave para el gobierno y la gestión de los datos, asegurando su disponibilidad, comprensión y fiabilidad como recursos estratégicos para la organización.

En primer lugar, es esencial comprender las características principales que definen la calidad de los datos. Estos deben ser fácilmente accesibles y disponibles para los usuarios que los necesitan, estar definidos de forma clara para ser comprendidos sin ambigüedades y, por último, ser fiables para garantizar la toma de decisiones precisa y segura. La calidad de los datos es un requisito indispensable para el correcto funcionamiento de cualquier sistema de información y para que las organizaciones puedan aprovechar su potencial de transformación.

Además, un adecuado gobierno del dato se erige como un elemento imprescindible para establecer una estructura sólida de gestión y control de la información. Este concepto abarca políticas, procedimientos y estándares que garantizan la coherencia, la seguridad y la integridad de los datos a lo largo de su ciclo de vida. Una correcta gobernanza de los datos no solo reduce riesgos, sino que también potencia el valor de la información como activo estratégico, favoreciendo la innovación y la eficiencia operativa.

Por otro lado, la identificación de los roles y responsabilidades necesarios en la gestión de los datos permite asignar de manera clara las tareas y competencias para cada actor involucrado. Desde los responsables del gobierno del dato hasta los usuarios finales, es necesario definir quién toma decisiones, quién asegura la calidad, quién administra el acceso y quién se encarga de mantener la integridad de la información. Esta estructura organizativa resulta esencial para alinear los objetivos empresariales con la gestión de los datos.

La integración de tecnologías avanzadas y herramientas de análisis facilita la gestión de los datos y amplía las capacidades de las organizaciones para convertir la información en valor. Herramientas como Data Governance Platforms, soluciones de Data Quality y sistemas de Data Catalog permiten a las organizaciones centralizar la gestión de los datos, optimizar procesos y garantizar la transparencia en toda la cadena de valor de la información. De este modo, se promueve una cultura organizativa orientada al dato, donde la información se convierte en un recurso estratégico para la innovación y el crecimiento sostenible.

Comprender las características de los datos, conocer los elementos clave para un adecuado gobierno del dato e identificar los roles y responsabilidades asociados son aspectos cruciales para el éxito de cualquier organización en la era digital. A lo largo de esta unidad, profundizaremos en cada uno de estos puntos, ofreciendo una visión detallada y práctica de cómo las organizaciones pueden construir una base sólida de gestión de datos y, con ello, potenciar su competitividad en un entorno cada vez más complejo y dinámico.

Objetivos

- Describir las características esenciales que definen a los datos de calidad, evaluando su disponibilidad, comprensión y fiabilidad como base para una gestión efectiva de la información.

- Conocer los elementos fundamentales que permiten desarrollar un gobierno del dato robusto, desde políticas y normativas hasta estructuras organizativas, asegurando la alineación con los objetivos estratégicos de la organización.

- Identificar los roles y responsabilidades clave necesarios para la gestión de datos, analizando la importancia de cada uno de ellos en la administración, mantenimiento y seguridad de la información corporativa.

- Explorar la relación entre la calidad de los datos y el éxito en la toma de decisiones, destacando la necesidad de implementar controles, procesos de validación y mecanismos de actualización que garanticen información confiable.

- Comprender cómo el gobierno del dato se integra en la cultura organizacional, promoviendo la transparencia, la responsabilidad y el uso ético de los datos.

- Analizar casos prácticos que muestren la implementación exitosa de modelos de gobernanza del dato y sus beneficios en la eficiencia operativa, la reducción de riesgos y la generación de valor para la organización.

1. Describir las características principales de los datos: disponibles, entendibles, fiables

La identificación de los elementos clave para el gobierno y la gestión de los datos es fundamental para garantizar que la información se convierta en un activo seguro, confiable y generador de valor en la organización. El primer elemento esencial es la definición de políticas y estándares de calidad de datos, que aseguren la precisión, integridad, coherencia y actualidad de la información a lo largo de su ciclo de vida. Sin reglas claras, los datos pueden perder relevancia y generar inconsistencias en los análisis.

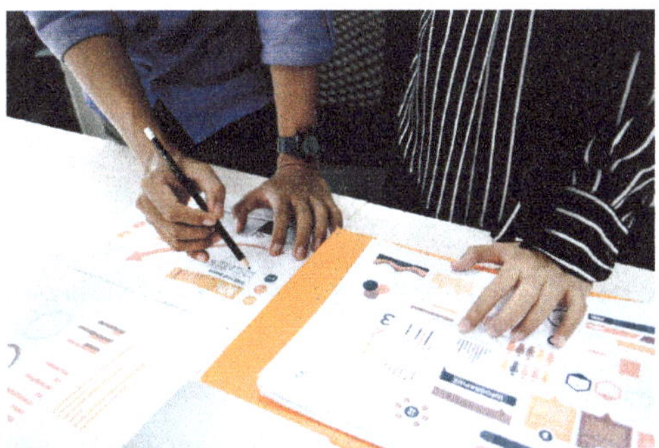

Fig. 1. Analizar y definir en detalle las bases de las estrategias basadas en datos

Anotación

Los datos constituyen el pilar de cualquier organización moderna y su adecuada gestión requiere comprender sus principales características: disponibilidad, entendibilidad y fiabilidad. La disponibilidad permite acceder a los datos cuando se necesitan; la entendibilidad facilita que sean interpretables por diferentes usuarios; y la fiabilidad asegura que sean precisos y consistentes.

La gobernanza de los datos implica establecer un marco organizativo donde se definan roles, responsabilidades y procesos para la gestión y control de la información. Es crucial designar responsables de los datos (*data owners* y *data stewards*), quienes velan por la correcta administración y uso de cada conjunto de datos, garantizando su trazabilidad y cumplimiento de normativas.

El catálogo de datos y la gestión de metadatos permiten a la organización identificar, clasificar y documentar todos los activos informativos disponibles. Un catálogo actualizado facilita la búsqueda, el entendimiento y la reutilización eficiente de la información, mejorando la colaboración entre áreas y agilizando los procesos de análisis y toma de decisiones.

La seguridad y privacidad de los datos constituye otro pilar básico. Implementar mecanismos de control de acceso, cifrado, anonimización y monitorización protege la información frente a accesos no autorizados, filtraciones o ciberataques. Cumplir con las regulaciones en materia de protección de datos (como el GDPR) y auditar periódicamente los sistemas asegura el respeto a la privacidad y la integridad de los datos.

Importante

Mantener la integridad de los datos y garantizar su calidad es esencial para el éxito de cualquier proceso de análisis y toma de decisiones.

El modelo de gobierno debe contemplar procedimientos para la integración y la calidad continua de los datos, incluyendo auditorías regulares, validaciones automáticas y procesos de limpieza que mantengan los estándares definidos. Una gestión proactiva permite identificar problemas de calidad antes de que impacten negativamente en el negocio.

La gestión de cambios y la actualización de políticas resulta imprescindible en un entorno tecnológico y regulatorio en constante evolución. Revisar y ajustar periódicamente las normas y los procesos garantiza que la estrategia de datos siga alineada con los objetivos de la organización y las exigencias externas.

La formación y concienciación de los equipos es otro elemento crítico. Promover la cultura de datos y capacitar a los colaboradores en el uso responsable, seguro y ético de la información fortalece la disciplina organizacional y reduce el riesgo de errores o malas prácticas.

Finalmente, la medición y seguimiento del desempeño de la gobernanza de datos permite evaluar la eficacia de las políticas, identificar áreas de mejora y demostrar el valor aportado al negocio. El uso de métricas clave (KPIs), *dashboards* y reportes periódicos es fundamental para una gestión transparente y orientada a la mejora continua.

En suma, el gobierno y la gestión de los datos requieren de un enfoque integral, que combine normas, tecnología, cultura y liderazgo para asegurar que la información se convierta en un recurso estratégico, seguro y generador de ventajas competitivas sostenibles.

Las características de disponibilidad, entendibilidad y fiabilidad constituyen la base sobre la que se construye una gestión de datos eficaz y orientada al valor. Asegurar que los datos estén disponibles implica que toda la información relevante pueda ser accedida fácilmente, en el momento adecuado y por los usuarios autorizados. Esto requiere una infraestructura tecnológica sólida, integración entre sistemas y procesos de actualización eficientes que eviten retrasos o bloqueos en el flujo informativo.

Fig. 2. Analizar entre departamentos los gráficos de la empresa es fundamental para lograr objetivos

La disponibilidad se traduce también en la eliminación de silos y en la creación de repositorios centralizados o federados, desde donde los distintos equipos puedan acceder a la información sin trabas burocráticas o técnicas. El diseño de canales seguros de acceso, junto con la implementación de herramientas de autoservicio, empodera a los usuarios y agiliza la toma de decisiones en todos los niveles organizativos.

La entendibilidad de los datos es esencial para evitar malentendidos y errores que puedan comprometer el análisis o la operativa. Esto implica trabajar en la documentación de los datos, definir glosarios, metadatos y descripciones que expliquen su origen, su estructura y su contexto de uso. La transparencia en la definición de los indicadores y la trazabilidad de los datos refuerzan la confianza y la claridad a lo largo de todo el ciclo de vida informativo.

Una buena práctica para mejorar la entendibilidad consiste en estandarizar nomenclaturas, establecer taxonomías y asegurar la consistencia en los formatos de presentación. La capacitación de los equipos en la interpretación de los datos, así como la creación de espacios de consulta o formación interna, contribuyen a que todos los miembros de la organización compartan un lenguaje común y puedan extraer el máximo valor de la información.

La fiabilidad de los datos es el tercer pilar y abarca aspectos de precisión, completitud, coherencia y actualización. La información debe reflejar la realidad de manera objetiva, sin errores ni omisiones que puedan inducir a decisiones incorrectas. Para ello, se requieren controles de calidad, validaciones periódicas y procesos de limpieza que eliminen duplicidades, registros inconsistentes o datos obsoletos.

El monitoreo y la auditoría continua de los datos son fundamentales para mantener su fiabilidad. Las herramientas de calidad automatizada, junto con la supervisión humana, permiten detectar y corregir posibles desviaciones a tiempo. Además, el establecimiento de políticas claras sobre la actualización y el ciclo de vida de los datos asegura que la información utilizada para el análisis y la toma de decisiones esté siempre vigente.

Supongamos una empresa que gestiona información de clientes. Si los datos de contacto están disponibles en todo momento (disponibilidad), correctamente etiquetados y estandarizados (entendibilidad) y provienen de fuentes verificadas (fiabilidad), se asegura la eficacia en campañas de marketing y servicio al cliente.

El enfoque en la fiabilidad también implica la definición de responsabilidades. Asignar roles como *data owners* o *data stewards*, encargados de custodiar la integridad y calidad de cada conjunto de datos, facilita la identificación rápida de problemas y su resolución eficaz. Estos perfiles se convierten en referentes dentro de la organización y garantizan la continuidad de las buenas prácticas.

La combinación de datos disponibles, entendibles y fiables fortalece la toma de decisiones en la organización. Los usuarios pueden confiar en la información que utilizan, reducir los riesgos asociados a errores o interpretaciones incorrectas y potenciar la capacidad de respuesta ante los cambios del entorno. Además, estas características son la base para la automatización de procesos, la analítica avanzada y la generación de *insights* que diferencian a las organizaciones líderes en el mercado digital.

En definitiva, la inversión en estos tres principios no solo mejora la eficiencia operativa, sino que también sienta las bases para una cultura organizacional sólida, innovadora y verdaderamente orientada al dato, capaz de adaptarse y prosperar en escenarios cada vez más complejos y exigentes.

2. Conocer cual son elementos clave para el desarrollo de un adecuado gobierno del dato

Un gobierno del dato eficaz se basa en la existencia de una estrategia clara de calidad de datos que abarque desde la definición de estándares hasta la monitorización continua. Establecer criterios de precisión, integridad, coherencia y actualización facilita que toda la organización disponga de información fiable y útil para la toma de decisiones. Este enfoque permite identificar y corregir errores en origen, minimizando el impacto negativo en los procesos críticos.

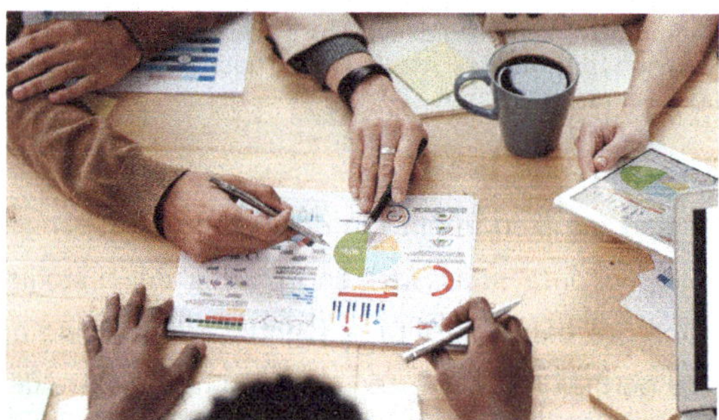

Fig. 3. La estructura de datos y la comunicación fluida entre departamentos es fundamental para poder lograr los objetivos de la empresa

La implementación de políticas y procedimientos de gestión constituye otro pilar fundamental. Definir reglas claras sobre la recopilación, almacenamiento, uso, acceso y eliminación de datos garantiza la coherencia en la gestión y refuerza la seguridad de la información. Estas políticas deben ser revisadas periódicamente y adaptadas a las necesidades cambiantes de la organización y el entorno regulatorio.

El catálogo de datos emerge como una herramienta esencial, centralizando la documentación y el linaje de los datos. Un catálogo bien gestionado facilita la localización de activos informativos, mejora la colaboración entre equipos y promueve la transparencia en el ciclo de vida de la información. Además, agiliza auditorías y asegura el cumplimiento de normativas al mostrar de manera clara quién es responsable de cada conjunto de datos y cómo ha sido transformado o utilizado.

La gestión de metadatos permite añadir contexto y significado a los datos almacenados, facilitando su interpretación, clasificación y reutilización. Los metadatos documentan el origen, la estructura, la calidad y las restricciones asociadas a la información, lo que resulta clave para evitar ambigüedades y garantizar el uso adecuado por parte de todos los usuarios.

El aspecto de seguridad y privacidad no puede ser descuidado. Proteger los datos sensibles mediante controles de acceso, cifrado y monitoreo continuo es indispensable para prevenir brechas, accesos no autorizados y usos indebidos. La implantación de políticas robustas, junto con la formación de los equipos, fortalece la postura de seguridad y protege tanto los intereses de la organización como los derechos de los individuos.

La gestión del ciclo de vida de los datos es otro componente esencial, que regula todas las fases desde la captura y el procesamiento inicial hasta el archivado o la eliminación. Un enfoque estructurado sobre el ciclo de vida garantiza la eficiencia en el uso del almacenamiento, reduce riesgos asociados a la obsolescencia y facilita el cumplimiento de normativas relativas a la conservación y el borrado de la información.

La adopción de estándares internacionales, como DAMA-DMBOK para la gestión profesional de datos y el cumplimiento de normativas como el GDPR, eleva la calidad de la gobernanza y refuerza la confianza de socios, clientes y reguladores. Estos marcos aportan buenas prácticas, recomendaciones y criterios de calidad que pueden adaptarse según el sector y el contexto de cada organización.

 **Anotación**

El gobierno del dato integra elementos como la definición de roles claros, políticas de seguridad y privacidad, calidad de los datos y un marco de control y seguimiento para su correcta gestión.

Por último, la tecnología juega un papel habilitador en la supervisión y el control del gobierno del dato. Soluciones de catalogación, gestión de metadatos, auditoría y monitorización automatizada proporcionan visibilidad y control sobre el estado de los datos en tiempo real. La integración de estas herramientas con el ecosistema informativo corporativo permite anticipar incidencias, acelerar la respuesta ante anomalías y mantener una gobernanza dinámica y alineada con los objetivos estratégicos.

3. Identificar los roles y responsabilidades necesarios para la gestión de datos

La gestión adecuada de los datos en una organización requiere una estructura clara de roles y responsabilidades que cubran tanto la dimensión estratégica como la operativa. El Chief Data Officer (CDO) asume el liderazgo estratégico de la gestión del dato. Este perfil dirige la definición de políticas globales, establece la visión sobre el uso de los datos y coordina las iniciativas de gobierno, garantizando la alineación de la estrategia informativa con los objetivos corporativos y el cumplimiento de normativas externas e internas.

Fig. 4. Los ambientes colaborativos entre departamentos son fundamentales para lograr objetivos

Los Data Stewards desempeñan una función fundamental en la supervisión diaria de la calidad, integridad y linaje de los datos. Su responsabilidad abarca desde la documentación y la estandarización de definiciones hasta la identificación y resolución de incidencias relacionadas con el dato, actuando como enlace entre las áreas técnicas y de negocio para asegurar la coherencia y la utilidad de la información a lo largo de toda la cadena de valor.

Por su parte, los Data Owners asumen la responsabilidad sobre los datos que se generan, almacenan y procesan en cada área funcional. Este rol asegura que el uso y la compartición de la información cumplen con las políticas corporativas y los requisitos regulatorios. Los Data Owners validan los procesos de acceso, actualización y eliminación de los datos, y toman decisiones sobre la gestión de riesgos asociados.

En el plano técnico, los Data Engineers son esenciales para el diseño, construcción y mantenimiento de los pipelines de datos. Se encargan de la ingesta, integración, transformación y disponibilidad de la información desde las fuentes hasta los sistemas analíticos y de almacenamiento. Su labor asegura que los datos fluyan correctamente y en tiempo real, optimizando la escalabilidad y la eficiencia de las infraestructuras.

Los Data Architects establecen la arquitectura global de los sistemas de datos, definiendo las estructuras, normas y tecnologías que facilitan el almacenamiento, el procesamiento y la explotación de grandes volúmenes de información. Este perfil diseña soluciones escalables y seguras, integrando entornos *on-premise* y en la nube, y promoviendo la interoperabilidad y la gobernanza entre sistemas diversos.

En la capa de explotación del dato, los Data Analysts convierten los datos en información útil mediante análisis descriptivo, *dashboards* y visualizaciones interactivas que facilitan la interpretación y la toma de decisiones en todos los niveles de la organización. Su trabajo incluye el monitoreo de KPIs, la elaboración de reportes y el apoyo en la optimización de procesos y recursos.

Vocabulario

- **Data Steward:** Responsable de la calidad y consistencia de los datos.
- **Data Owner:** Propietario de los datos y encargado de su acceso y uso.
- **Data Custodian**: Encargado de las tareas técnicas de almacenamiento y protección de los datos.

Los Data Scientists se especializan en el análisis avanzado y el modelado predictivo o prescriptivo. Aplican técnicas de *machine learning*, inteligencia artificial y estadística para descubrir patrones, anticipar tendencias y construir modelos que generen ventajas competitivas. Su papel resulta clave en proyectos de innovación y transformación digital, aportando una visión proactiva en el aprovechamiento del dato.

La correcta gestión de los datos exige la colaboración activa entre todos estos perfiles, respaldada por plataformas y herramientas tecnológicas que soporten la gobernanza, la catalogación, la seguridad y la trazabilidad. El establecimiento de responsabilidades definidas y la formación continua en mejores prácticas aseguran que la organización pueda evolucionar hacia una cultura orientada al dato, maximizando el valor, la seguridad y la sostenibilidad de sus activos informativos.

Resumen

El gobierno y la gestión de los datos se han convertido en pilares fundamentales para que las organizaciones puedan aprovechar la información como un activo estratégico en la era digital. Para ello, es imprescindible asegurar que los datos sean disponibles, entendibles y fiables, características que garantizan que la información pueda ser utilizada eficazmente en la toma de decisiones. La calidad de los datos no solo implica su acceso, sino también la claridad en su definición y la confianza en su precisión y actualización constante.

El desarrollo de un gobierno del dato sólido implica la implementación de políticas, procedimientos y estándares que aseguren la coherencia, seguridad e integridad de la información durante todo su ciclo de vida. Este marco organizativo debe contar con herramientas tecnológicas y normativas que permitan controlar y monitorear la gestión de datos, protegiendo la privacidad y cumpliendo con regulaciones como el GDPR. Así, la gobernanza se posiciona como un elemento clave para minimizar riesgos y potenciar el valor de los datos en la organización.

Asignar roles y responsabilidades claras es otro aspecto crucial para la gestión eficaz del dato. Desde la figura estratégica del Chief Data Officer (CDO) hasta los técnicos como Data Engineers y especialistas como Data Scientists, cada actor tiene un papel definido en la administración, calidad y explotación de la información. Esta estructura colaborativa favorece la alineación entre objetivos empresariales y el uso responsable, seguro y ético de los datos.

El catálogo de datos y la gestión de metadatos son herramientas indispensables que permiten clasificar, documentar y facilitar el acceso a los activos informativos. Su correcta implementación mejora la colaboración entre áreas, agiliza procesos de análisis y fortalece la transparencia en toda la cadena de valor de la información. Además, la gestión continua del ciclo de vida de los datos, incluyendo auditorías y validaciones automáticas, garantiza la actualización y limpieza constante, evitando que la información pierda relevancia o se vuelva obsoleta.

La cultura organizacional orientada al dato es un factor que refuerza la gobernanza y el aprovechamiento del valor de la información. Capacitar a los equipos, fomentar la responsabilidad y promover el uso ético contribuyen a consolidar un entorno donde los datos son tratados como un recurso esencial para la innovación y el crecimiento sostenible. Asimismo, el monitoreo mediante KPIs y *dashboards* permite medir el desempeño del gobierno del dato y realizar ajustes que mejoren continuamente los procesos.

En síntesis, la identificación y gestión de los elementos clave para el gobierno del dato constituyen la base para transformar la información en ventaja competitiva. La combinación de normas claras, tecnología avanzada, roles bien definidos y cultura organizacional fortalece la capacidad de las empresas para adaptarse a entornos dinámicos, reducir riesgos y maximizar el valor de sus activos informativos en un mercado cada vez más digital y exigente.

Glosario

Calidad de datos

Conjunto de características que garantizan que los datos sean precisos, completos, consistentes, actuales y adecuados para su propósito.

Catálogo de datos: Repositorio organizado que documenta y clasifica los activos de datos disponibles, facilitando su localización, comprensión y reutilización.

Chief Data Officer (CDO)

Responsable estratégico que lidera la gestión y gobierno de los datos, estableciendo políticas y alineando la estrategia de datos con los objetivos de la organización.

Ciclo de vida de los datos

Etapas por las que pasan los datos desde su creación, almacenamiento, uso, mantenimiento hasta su archivado o eliminación.

Cultura de datos

Mentalidad organizacional orientada al uso responsable, ético y estratégico de los datos para generar valor y competitividad.

Cumplimiento normativo

Asegurar que la gestión de datos cumple con las leyes y regulaciones vigentes, como GDPR o leyes sectoriales específicas.

Datos disponibles

Información accesible en el momento y lugar adecuados para los usuarios autorizados, facilitando la toma de decisiones eficiente y oportuna.

Datos entendibles

Datos claramente definidos, documentados y contextualizados para evitar ambigüedades y facilitar su correcta interpretación por parte de todos los usuarios.

Datos fiables

Información precisa, completa, coherente y actualizada, que refleja la realidad de manera objetiva para garantizar decisiones acertadas.

Gestión de metadatos

Proceso de añadir información descriptiva y contextual a los datos para mejorar su clasificación, interpretación y trazabilidad.

Gobierno del dato

Conjunto de políticas, normas, procedimientos y responsabilidades que regulan la gestión, seguridad, calidad y uso ético de los datos en una organización.

Políticas de datos

Normas y directrices que regulan la gestión, acceso, uso y protección de los datos en la organización.

Roles de gestión de datos

Perfiles organizativos con responsabilidades definidas en la administración, calidad, seguridad y uso de los datos, como Chief Data Officer, Data Owner y Data Steward.

Seguridad de datos

Conjunto de mecanismos, controles y prácticas que protegen la información contra accesos no autorizados, pérdida, manipulación o ataques cibernéticos.

Ejercicios de autoevaluación

1. ¿Por qué es fundamental identificar los elementos clave para el gobierno y la gestión de los datos?

   a. Para crear campañas de marketing.
   b. Para convertir la información en un activo seguro, confiable y generador de valor.
   c. Para desarrollar aplicaciones móviles.
   d. Para eliminar todos los datos históricos.

2. ¿Qué característica NO es una de las principales de los datos?

   a. Disponibilidad.
   b. Fiabilidad.
   c. Visualización.
   d. Entendibilidad.

3. ¿Qué permite la disponibilidad de los datos?

   a. Mantener los datos en silos.
   b. Acceder a los datos solo desde la nube.
   c. Acceder a los datos de forma rápida y sin trabas burocráticas.
   d. Acceder a la información relevante en el momento adecuado y por los usuarios autorizados.

4. ¿Qué garantiza la implementación de políticas y procedimientos de gestión de datos?

   a. La reducción de costes de almacenamiento.
   b. La coherencia en la gestión y la seguridad de la información.
   c. La eliminación de la necesidad de auditorías.
   d. La creación de informes automatizados.

5. ¿Cuál de las siguientes NO es una función de un catálogo de datos?

 a. Facilitar la búsqueda de activos informativos.
 b. Mejorar la calidad del hardware.
 c. Mejorar la colaboración entre equipos.
 d. Mostrar quién es responsable de cada conjunto de datos.

6. ¿Por qué es clave la gestión de metadatos?

 a. Porque aumenta la velocidad de procesamiento.
 b. Porque reduce la necesidad de recursos humanos.
 c. Porque facilita la interpretación, clasificación y reutilización de la información.
 d. Porque evita la compra de software.

7. ¿Qué elemento clave asegura la protección de datos sensibles?

 a. Instalación de software antivirus.
 b. Controles de acceso, cifrado y monitorización.
 c. Creación de nuevas bases de datos.
 d. Uso exclusivo de datos históricos.

8. ¿Qué regula la gestión del ciclo de vida de los datos?

 a. Las fases desde la captura y procesamiento hasta el archivado o eliminación.
 b. Únicamente la fase de almacenamiento.
 c. Solo la fase de visualización.
 d. La venta de los datos a terceros.

9. ¿Qué estándar internacional se recomienda para la gestión profesional de datos?

    a. ISO 9001.
    b. COBIT.
    c. DAMA-DMBOK.
    d. ITIL.

10. ¿Quién lidera la definición de políticas globales de datos en la organización?

    a. Data Steward.
    b. Data Architect.
    c. Chief Data Officer (CDO).
    d. Data Engineer.

U. A. 6. Conocimiento y comprensión de una Organización Data Driven. Retos y oportunidades

Introducción

En un mundo cada vez más competitivo y dinámico, las organizaciones están reconociendo el valor estratégico de convertirse en organizaciones Data Driven. Este concepto va más allá de la simple acumulación de datos: implica integrar la cultura del dato en cada nivel de la organización, desde la toma de decisiones hasta la optimización de procesos y la innovación continua. Ser Data Driven significa utilizar el conocimiento derivado de los datos como eje central para anticipar oportunidades, resolver problemas complejos y lograr ventajas competitivas sostenibles.

Anotación

La transformación digital ha impulsado a las organizaciones a repensar sus estrategias, adoptando modelos Data Driven como núcleo de su competitividad. Este enfoque, sustentado en el uso intensivo de datos, permite a las empresas anticiparse a las tendencias del mercado y mejorar su rendimiento.

Objetivos

- Conocer la definición de organización Data Driven, identificando sus características fundamentales y el papel que desempeñan los datos como activo estratégico dentro de la organización.
- Comprender los principales retos que enfrentan las empresas al convertirse en Data Driven, incluyendo aspectos culturales, tecnológicos y organizativos, así como las oportunidades que ofrece esta transición para mejorar la eficiencia, la innovación y la competitividad.
- Analizar casos de éxito y buenas prácticas de proyectos de transformación hacia una organización Data Driven, identificando los elementos clave que permiten consolidar un marco de trabajo sostenible y escalable.
- Valorar la importancia de contar con una estrategia de datos alineada con los objetivos de negocio, que permita capturar, integrar, procesar y analizar datos de manera eficiente, garantizando su calidad, seguridad y relevancia.
- Reconocer la necesidad de desarrollar una cultura orientada al dato, en la que todas las áreas de la organización participen activamente en la generación, uso y gobierno de la información para la toma de decisiones estratégicas.
- Explorar las oportunidades que ofrecen las nuevas tecnologías (inteligencia artificial, machine learning, automatización, visualización avanzada, etc.) para acelerar la adopción del modelo Data Driven y maximizar su impacto.
- Identificar los elementos de un marco de trabajo eficaz para la implementación de una organización Data Driven, incluyendo la planificación estratégica, la gestión del cambio y la capacitación de los equipos.

1. Conocer la definición de organización Data Driven

La comprensión profunda de una organización Data Driven implica entender cómo la cultura del dato transforma la operativa, la estrategia y la capacidad de innovación. Una organización orientada por los datos se apoya en información precisa, actualizada y accesible para tomar decisiones fundamentadas, anticiparse a tendencias y reaccionar con agilidad ante los cambios del entorno.

La transición hacia un modelo Data Driven comienza por la consolidación de la calidad y la gobernanza de los datos. Sin información confiable, los análisis pierden sentido y las iniciativas pueden fracasar. El establecimiento de estándares de calidad, la limpieza sistemática y el monitoreo continuo resultan esenciales para construir una base sólida sobre la que crecer.

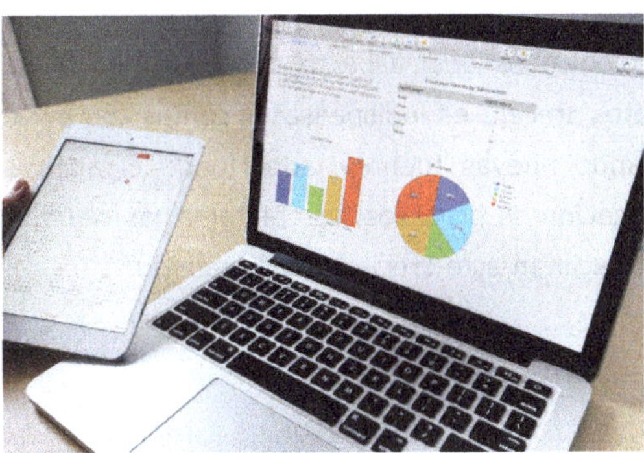

Fig. 1. Mediante gráficos y un panel de usuario interactivo permite tener control sobre todos los datos

Uno de los mayores retos reside en la integración de sistemas y la eliminación de silos de información. La interoperabilidad entre plataformas, la adopción de arquitecturas flexibles y el desarrollo de procesos ETL/ELT robustos son pasos necesarios para lograr una visión única y global del negocio, evitando duplicidades y errores.

El cambio cultural es quizá el desafío más complejo. Promover la mentalidad Data Driven implica sensibilizar a toda la plantilla sobre el valor estratégico de la información, formar a los equipos en competencias analíticas y fomentar la colaboración interdisciplinar. La resistencia al cambio suele superarse con liderazgo ejemplar, resultados tangibles y acceso democratizado a las herramientas de análisis. Las oportunidades que ofrece una organización Data Driven son notables. La capacidad para detectar patrones ocultos, anticipar escenarios, personalizar productos y servicios, y optimizar operaciones, posiciona a las empresas en la vanguardia competitiva. El uso avanzado de *machine learning*, inteligencia artificial y analítica predictiva amplía el abanico de soluciones innovadoras y permite acelerar la toma de decisiones en entornos dinámicos.

La gestión ética y responsable de los datos es un reto adicional. Asegurar la privacidad, cumplir con regulaciones y establecer procesos de auditoría y trazabilidad refuerza la confianza de clientes, socios y autoridades. Una organización Data Driven debe garantizar que el uso del dato respete los derechos individuales y minimice los riesgos de seguridad o reputación.

La escalabilidad tecnológica es otro aspecto clave. A medida que el volumen y la complejidad de los datos crecen, es indispensable contar con infraestructuras capaces de adaptarse, integrando nuevas fuentes, soportando el análisis en tiempo real y facilitando la automatización de procesos. Las plataformas *cloud*, el *edge computing* y las soluciones híbridas facilitan este crecimiento sostenido.

 **Importante**

Adoptar un enfoque Data Driven requiere el compromiso de toda la organización y una infraestructura tecnológica adecuada para garantizar la calidad y disponibilidad de los datos.

El impacto en la competitividad es directo: organizaciones Data Driven pueden responder más rápido a las oportunidades, ajustar sus estrategias en tiempo real y medir el impacto de sus decisiones con precisión. Además, la agilidad para innovar y el aprovechamiento proactivo de los datos se convierten en factores diferenciadores ante los desafíos del mercado global.

El camino hacia una organización Data Driven está lleno de desafíos técnicos, humanos y regulatorios, pero las oportunidades superan con creces las dificultades. Aquellas empresas que logran adoptar y consolidar una cultura orientada al dato se posicionan como líderes en la economía digital, capaces de anticipar tendencias, optimizar recursos y crear valor sostenible a largo plazo.

La definición de una organización Data Driven se basa en la centralidad del dato como pilar de todas sus decisiones, tanto estratégicas como operativas. Este modelo rompe con las dinámicas tradicionales que priorizan la experiencia subjetiva o la intuición, colocando la evidencia y el análisis en el núcleo del proceso de decisión. Adoptar este enfoque implica transformar la cultura organizacional y promover un entorno en el que la información se valore y se utilice como recurso principal para crear valor.

Fig. 2. Igual que los archivos requieren carpetas ordenadas, en los servidores es exactamente igual

La integración de la cultura del dato en todos los niveles jerárquicos es fundamental para el éxito de una organización Data Driven. Cada departamento, desde la alta dirección hasta las áreas operativas, debe adoptar prácticas basadas en datos y asumir la responsabilidad de utilizar la información de manera proactiva y responsable. La comunicación y la colaboración entre áreas son esenciales para romper los silos y garantizar que los datos fluyan libremente, enriqueciendo el conocimiento y facilitando la alineación estratégica.

En este contexto, los datos dejan de ser simples registros para convertirse en activos estratégicos. La gestión centralizada o federada de la información permite consolidar, proteger y gobernar los datos de manera eficiente, asegurando su calidad, integridad y accesibilidad. Las plataformas tecnológicas modernas, como los *data lakes*, *warehouses* y soluciones de integración, proporcionan la infraestructura necesaria para escalar el uso del dato en todos los procesos del negocio.

Ejemplo

Una empresa de *retail* que analiza en tiempo real las preferencias de sus clientes y ajusta su inventario y estrategias de marketing para maximizar sus ventas y fidelizar al consumidor.

Una organización Data Driven emplea los datos para optimizar procesos internos y maximizar la eficiencia operativa. El monitoreo en tiempo real, la automatización y el análisis avanzado permiten identificar cuellos de botella, anticipar problemas y proponer soluciones basadas en hechos concretos. Este nivel de control mejora la rentabilidad, reduce costes y fortalece la resiliencia frente a los cambios del entorno.

Fig. 3. Los objetivos de una organización Data Driven incluyen mejorar la competitividad y optimizar la toma de decisiones

Anticipar tendencias y comportamientos es otra característica clave. A través de la analítica predictiva y el *machine learning*, las organizaciones pueden prever escenarios futuros, adaptar su oferta a las necesidades del mercado y reaccionar con rapidez a oportunidades o amenazas emergentes. Esta capacidad de anticipación convierte el dato en una fuente constante de ventaja competitiva y crecimiento sostenible.

La toma de decisiones en una organización Data Driven es ágil y orientada a resultados medibles. El acceso a información precisa y actualizada permite evaluar el impacto de cada acción, corregir desviaciones en tiempo real y asegurar la consecución de los objetivos estratégicos. El ciclo de mejora continua se fundamenta en la retroalimentación constante que ofrecen los datos, fortaleciendo la innovación y la adaptación.

La capacitación y sensibilización de los equipos es otro factor imprescindible. Desarrollar habilidades analíticas, promover el uso de herramientas de visualización y crear una mentalidad orientada a la experimentación impulsan la adopción de prácticas basadas en datos en toda la organización. La formación continua garantiza que los equipos estén preparados para interpretar la información y extraer *insights* relevantes.

Finalmente, la gobernanza y la ética en el uso del dato completan la definición de una organización Data Driven. Establecer políticas claras de acceso, privacidad, seguridad y calidad protege tanto los intereses del negocio como los derechos de los individuos. La confianza en los datos y la transparencia en su gestión refuerzan la legitimidad y sostenibilidad del modelo, posicionando a la organización como referente en la economía digital.

Recuerda

Adoptar un enfoque Data Driven requiere el compromiso de toda la organización y una infraestructura tecnológica adecuada para garantizar la calidad y disponibilidad de los datos.

2. Comprender los retos y las oportunidades de una organización Data Driven

Comprender los retos y oportunidades de una organización Data Driven implica analizar el impacto que tiene la adopción de una cultura basada en datos en todos los ámbitos de la empresa. El primer desafío radica en la calidad de los datos. Los datos imprecisos, incompletos o desactualizados pueden distorsionar los análisis y llevar a conclusiones erróneas, lo que afecta negativamente la confianza en los sistemas analíticos y las decisiones que de ellos se derivan. Por ello, es esencial implementar procesos rigurosos de validación, limpieza y actualización permanente de la información.

Fig. 4. Los retos de ser Data Driven incluyen la cultura del dato, la integración tecnológica y la gestión del cambio

El gobierno del dato es otro reto fundamental. La creciente cantidad y diversidad de fuentes de información exige definir políticas y procedimientos sólidos para la gestión, acceso, seguridad y privacidad de los datos. El cumplimiento normativo, como el establecido por el GDPR, requiere mecanismos de control y trazabilidad, así como la asignación clara de responsabilidades y la formación en buenas prácticas para todos los actores involucrados en el ciclo de vida del dato.

El cambio cultural constituye posiblemente la barrera más compleja de superar. La transición hacia una organización Data Driven exige modificar hábitos, creencias y procesos arraigados. Es necesario promover la alfabetización en datos, generar confianza en los sistemas analíticos y motivar a los equipos a utilizar información objetiva como base para la toma de decisiones, dejando de lado la dependencia exclusiva de la intuición o la experiencia previa.

Seleccionar y mantener la tecnología adecuada representa otro gran reto. Las plataformas deben ser lo suficientemente robustas y escalables como para gestionar volúmenes crecientes de información, integrarse con sistemas existentes y soportar la analítica avanzada en tiempo real. La evolución constante del entorno tecnológico obliga a revisar y actualizar periódicamente las infraestructuras, buscando siempre el equilibrio entre innovación, eficiencia y seguridad.

La capacitación y el desarrollo de talento multidisciplinar son esenciales para el éxito de la estrategia Data Driven. No solo se requiere personal técnico especializado en análisis, inteligencia artificial y gestión de datos, sino también líderes capaces de traducir los resultados del análisis en acciones concretas y responsables de negocio que comprendan la importancia estratégica del dato. La formación continua y la colaboración entre áreas técnicas y de negocio son claves para aprovechar plenamente las capacidades de la organización.

A pesar de estos desafíos, las oportunidades que brinda una organización Data Driven son numerosas y de alto impacto. Una de las más destacadas es la mejora de la competitividad. Analizar datos permite identificar tendencias emergentes, personalizar productos y servicios según las preferencias de los clientes y anticiparse a los movimientos del mercado, manteniendo una posición de liderazgo frente a la competencia.

Recuerda

El proceso de convertirse en Data Driven implica superar obstáculos relacionados con la resistencia al cambio, la calidad de los datos y la capacitación del personal.

La optimización de procesos es otra oportunidad significativa. El análisis detallado de flujos de trabajo, inventarios y cadenas de suministro ayuda a identificar ineficiencias, cuellos de botella y oportunidades de automatización, lo que se traduce en reducción de costes, mejora en la calidad y mayor agilidad operativa.

La innovación también se ve impulsada por una estrategia Data Driven. La capacidad de experimentar, validar hipótesis y crear nuevos modelos de negocio o productos basados en datos reales fomenta la creatividad y la disrupción. El conocimiento extraído de los datos permite adaptar la oferta y anticipar cambios en la demanda, abriendo la puerta a nuevas líneas de ingresos.

Una organización Data Driven mejora sustancialmente la calidad y la rapidez en la toma de decisiones. El acceso a información objetiva y en tiempo real permite a los equipos evaluar el impacto de sus acciones, corregir desvíos de forma inmediata y sostener una dinámica de mejora continua basada en resultados tangibles. Esta agilidad y capacidad de adaptación se convierten en ventajas clave para enfrentar la incertidumbre y prosperar en entornos cambiantes.

3. Estudiar proyectos y marco de trabajo para llegar a ser una organización Data Driven

El proceso para convertirse en una organización Data Driven requiere una planificación estructurada, basada en marcos de referencia internacionales y en la implantación de proyectos estratégicos que permitan evolucionar de manera gradual y sostenible. El primer paso consiste en realizar una evaluación de la madurez actual en relación con el uso de los datos y la cultura analítica. Este diagnóstico permite identificar fortalezas, carencias y oportunidades de mejora, sirviéndose de modelos reconocidos como el "Gartner Analytics Maturity Model" o el de Deloitte, que miden el grado de adopción de prácticas analíticas y el impacto en la toma de decisiones.

Fig. 5. La relación entre departamentos influye directamente en el impacto en la toma de decisiones

Una vez identificada la situación de partida, el desarrollo de una estrategia de datos se convierte en el eje central del proceso de transformación. Es imprescindible definir los objetivos estratégicos que se desean alcanzar mediante el uso del dato, así como las fuentes internas y externas a integrar, las políticas de calidad de la información y los planes de gobierno que aseguren la trazabilidad, la seguridad y el cumplimiento normativo. La selección de plataformas tecnológicas adecuadas (ya sean Data Lakes, Data Warehouses o arquitecturas Data Mesh) debe alinearse con los requerimientos presentes y futuros de la organización.

La implementación de plataformas analíticas es un componente clave para habilitar la explotación eficiente de los datos. Soluciones de Business Intelligence, Machine Learning e Inteligencia Artificial deben estar integradas en el ecosistema digital de la empresa, facilitando tanto el análisis descriptivo como el predictivo y prescriptivo. La escalabilidad y la flexibilidad tecnológica aseguran que las herramientas puedan evolucionar y crecer junto con las necesidades del negocio, soportando la automatización de procesos y la generación de *insights* de valor.

El fomento de la capacitación y la cultura organizacional es un proyecto transversal que debe acompañar todas las fases de la transformación. La alfabetización en datos, el desarrollo de competencias analíticas y la promoción de una mentalidad experimental resultan fundamentales para lograr la adopción generalizada del enfoque Data Driven. La colaboración interdisciplinar, la formación continua y el liderazgo basado en el ejemplo son factores determinantes para superar resistencias y consolidar una cultura orientada al dato.

La medición y la mejora continua cierran el ciclo de transformación. Establecer indicadores clave de rendimiento (KPIs) permite monitorizar el impacto real de las iniciativas de datos, evaluando su contribución a los objetivos estratégicos y facilitando la toma de decisiones sobre ajustes o nuevas inversiones. El aprendizaje iterativo y la capacidad de adaptación son esenciales para mantener la relevancia y la competitividad en un entorno cambiante.

Establecer proyectos piloto permite medir la viabilidad de las iniciativas antes de escalarlas, minimizando riesgos y maximizando el aprendizaje.

En la práctica, diversos proyectos pueden servir de palanca para avanzar en la madurez Data Driven. Por ejemplo, la implantación de *dashboards* interactivos para el seguimiento de KPIs, el desarrollo de modelos predictivos para anticipar la demanda o la automatización de procesos repetitivos mediante inteligencia artificial. Cada uno de estos proyectos, apoyado en plataformas como Databricks, Snowflake, Google BigQuery, Power BI, Tableau o Qlik Sense, contribuye a fortalecer la cultura del dato.

El trabajo con marcos de referencia internacionales y el benchmarking frente a organizaciones líderes facilita la identificación de mejores prácticas y el diseño de hojas de ruta personalizadas. La documentación, la transparencia en la comunicación de avances y la celebración de logros intermedios ayudan a consolidar el cambio cultural y a mantener el compromiso de todos los actores implicados.

Llegar a ser una organización Data Driven implica un esfuerzo sostenido, la coordinación de proyectos transformadores y la integración de tecnología, personas y procesos bajo una visión estratégica. Solo a través de este enfoque integral es posible capitalizar todo el potencial de los datos, generar ventajas competitivas sostenibles y liderar en la economía digital.

Resumen

Convertirse en una organización Data Driven significa integrar la cultura del dato en todos los niveles de la empresa, utilizando la información como base para la toma de decisiones, la innovación y la optimización de procesos. Este enfoque transforma el negocio al colocar los datos como activos estratégicos, superando las prácticas tradicionales basadas en la intuición o experiencia subjetiva.

El camino hacia este modelo implica enfrentar diversos retos, como garantizar la calidad y gobernanza de los datos, superar la resistencia cultural al cambio y desarrollar competencias analíticas y tecnológicas en los equipos. Además, es fundamental integrar sistemas y eliminar silos de información para lograr una visión global y coherente del negocio.

Las oportunidades que ofrece una organización Data Driven son amplias y potentes, permitiendo anticipar tendencias, personalizar productos y servicios, optimizar operaciones y acelerar la toma de decisiones con ayuda de tecnologías avanzadas como la inteligencia artificial y el *machine learning*. Esto posiciona a la empresa en una ventaja competitiva clara y sostenible.

Para avanzar hacia esta transformación, es necesario diseñar proyectos estratégicos con un marco de trabajo que combine tecnología, personas y procesos. Esto incluye evaluar la madurez actual, definir una estrategia de datos alineada con los objetivos del negocio, implementar plataformas analíticas escalables y fomentar una cultura organizacional orientada al dato.

La medición continua del impacto y la mejora progresiva son pilares fundamentales para consolidar la adopción del modelo Data Driven. La implementación práctica puede incluir desde *dashboards* para seguimiento de KPIs hasta modelos predictivos y automatización basada en inteligencia artificial, siempre apoyados por herramientas tecnológicas líderes en el mercado.

Este proceso requiere un liderazgo comprometido que promueva la colaboración interdisciplinar, la formación constante y la transparencia, facilitando la gestión del cambio y la consolidación de una cultura que valore y utilice los datos como motor principal del crecimiento y la innovación.

Ser una organización Data Driven no solo mejora la eficiencia operativa y la capacidad de respuesta ante el mercado, sino que también impulsa la competitividad y la sostenibilidad a largo plazo en la economía digital actual.

Glosario

Analítica predictiva

Uso de modelos estadísticos y de *machine learning* para anticipar comportamientos y tendencias futuras basándose en datos históricos.

Benchmarking

Proceso de comparar las prácticas y métricas de una organización con las mejores del mercado para mejorar el desempeño.

Big Data

Grandes volúmenes de datos variados y generados a alta velocidad, cuyo análisis requiere tecnologías especializadas.

Calidad de datos

Medida en la que los datos son precisos, completos, consistentes y actuales para apoyar decisiones confiables.

Capacitación analítica

Formación destinada a desarrollar habilidades para interpretar datos y aplicar el análisis en la toma de decisiones.

Cultura del dato

Conjunto de valores, comportamientos y competencias dentro de una organización que promueven el uso eficiente y responsable de la información para generar valor.

Dashboard (Cuadro de mando)

Herramienta visual que presenta métricas y KPIs en tiempo real para facilitar el monitoreo y la toma de decisiones.

Data Lake

Repositorio centralizado que almacena datos en su formato original, facilitando el acceso y análisis flexible.

Data Warehouse

Sistema que almacena datos estructurados, integrados y organizados para análisis y reportes empresariales.

ETL/ELT

Procesos para extraer, transformar y cargar datos desde múltiples fuentes hacia plataformas integradas que facilitan el análisis.

Gobernanza de Datos: Políticas, procesos y controles que aseguran la calidad, seguridad, privacidad y accesibilidad de los datos en una organización.

Machine Learning

Técnica de inteligencia artificial que permite a sistemas aprender patrones a partir de datos para predecir o automatizar decisiones.

Organización Data Driven

Empresa que utiliza los datos como eje central para la toma de decisiones estratégicas y operativas, integrando una cultura orientada al dato en todos sus niveles y procesos.

Silos de información

Fragmentación de datos entre departamentos o sistemas que impide una visión unificada y colaborativa del negocio.

Transformación digital

Integración de tecnologías digitales en todos los aspectos del negocio para mejorar procesos, productos y experiencia de clientes.

Ejercicios de autoevaluación

1. ¿Qué significa ser una organización Data Driven?

a. Una empresa que se basa exclusivamente en la intuición para tomar decisiones.

b. Una organización que integra la cultura del dato en cada nivel para anticipar oportunidades y resolver problemas.

c. Una empresa que ignora los datos y prioriza la experiencia subjetiva.

d. Un departamento de TI que recopila datos, pero no los usa.

2. ¿Cuál es uno de los mayores retos para una organización Data Driven?

a. Incrementar la rotación de personal.

b. Desarrollar solo software de escritorio.

c. Garantizar la calidad, la gobernanza y la seguridad de los datos.

d. Crear campañas de marketing offline.

3. ¿Por qué es importante democratizar el acceso a los datos en una organización Data Driven?

a. Para restringir la información a unos pocos empleados.

b. Para romper los silos de información y potenciar la colaboración.

c. Para aumentar la burocracia.

d. Para reducir la productividad.

4. ¿Qué oportunidades ofrece el uso estratégico de los datos?

a. Limitar la innovación de productos.

b. Eliminar el análisis predictivo.

c. Personalizar servicios, anticipar tendencias y mejorar la experiencia del cliente.

d. Reemplazar el análisis estadístico.

5. ¿Por qué es clave la calidad de los datos en una organización Data Driven?

a. Porque la información es un gasto innecesario.

b. Porque limita la creatividad de los equipos.

c. Porque genera errores en la visualización.

d. Porque sin datos confiables, los análisis y decisiones pierden sentido.

6. ¿Qué barrera cultural suele enfrentar una organización Data Driven?

a. Resistencia al cambio y mentalidad poco analítica.

b. Falta de dispositivos móviles.

c. Falta de acceso a correos electrónicos.

d. Exceso de trabajo manual.

7. ¿Qué rol juegan las plataformas tecnológicas en una organización Data Driven?

a. Solo almacenar datos estáticos.

b. Facilitar el análisis avanzado, la automatización y la escalabilidad.

c. Eliminar la necesidad de calidad de datos.

d. Sustituir las decisiones humanas por completo.

8. ¿Qué reto adicional representa la gestión ética del dato?

a. Aumentar las fugas de información.

b. Reducir el acceso a datos externos.

c. Cumplir con la privacidad, la seguridad y la trazabilidad.

d. Eliminar la necesidad de auditorías.

9. ¿Qué impacto tiene la cultura del dato en la toma de decisiones?

    a. Ralentiza el proceso de decisión.

    b. Permite decisiones ágiles y basadas en hechos concretos.

    c. Desincentiva el trabajo en equipo.

    d. Reduce la comunicación entre áreas.

10. ¿Qué herramienta facilita la visualización de datos y KPIs en una organización Data Driven?

    a. Motores de búsqueda web.

    b. Correos electrónicos automatizados.

    c. *Dashboards* interactivos.

    d. Procesadores de texto.

Aplicaciones prácticas

Aplicación práctica 1. Optimización de rutas con Business Intelligence

U. A. 1. Identificación de los fundamentos del Business Intelligence (BI)

Una empresa de transporte de mercancías quiere reducir costes y mejorar la puntualidad de sus entregas. Actualmente, las rutas de los camiones se diseñan de forma manual y no se analizan los datos históricos de entregas ni las incidencias del tráfico. La dirección desea implementar un sistema de Business Intelligence que ayude a optimizar la planificación y seguimiento de las rutas.

¿Cómo puede la empresa aplicar BI para mejorar la eficiencia de sus rutas y tomar mejores decisiones?

Para abordar esta cuestión, considera:

- Fuentes de datos: ¿Qué información debe recopilar y analizar (GPS, tiempos de entrega, incidencias, consumo de combustible, etc.)?
- Procesamiento y análisis: ¿Cómo puede transformar estos datos en información útil y visualizaciones prácticas para los gestores?
- Impacto en la operativa: ¿Qué cambios concretos se pueden hacer en la gestión diaria usando los datos obtenidos del BI?
- Medición de resultados: ¿Cómo puede la empresa evaluar si la implementación del BI realmente ha mejorado la eficiencia y reducido costes?

Aplicación práctica 2. Implantar un sistema de Business Intelligence (BI)

U. A. 2. Comprender el valor de los datos y el Business Intelligence en una organización

La empresa Eficiencia Logística SL gestiona miles de pedidos mensuales para clientes particulares y empresas de toda España. Hasta ahora, cada departamento (ventas, logística, atención al cliente, facturación) almacenaba sus propios datos en hojas de cálculo separadas, lo que ha dificultado la generación de informes fiables, la detección de errores y la respuesta rápida ante incidencias.

La dirección decide implantar un sistema de Business Intelligence (BI) para integrar toda la información en un único panel interactivo. El objetivo es visualizar en tiempo real los principales indicadores de ventas, entregas, reclamaciones y satisfacción del cliente, pudiendo filtrar por provincia, tipo de cliente o periodo.

Los datos que se pretenden cruzar incluyen:

- Pedidos (referencia, fecha, importe, estado).
- Datos de clientes (nombre, email, localidad, historial de reclamaciones).
- Información de entregas y devoluciones.
- Encuestas de satisfacción.
- Datos internos de empleados responsables de cada área.

Teniendo en cuenta esta información, responde a las siguientes preguntas:

- ¿Cuáles son los principales riesgos legales asociados al uso de datos personales en este proyecto de BI?
- Enumera y explica las medidas que debe adoptar la empresa para cumplir con la LOPDGDD y el GDPR al integrar y explotar estos datos en el BI.
- Redacta un ejemplo de texto informativo que la empresa debería facilitar a clientes y empleados sobre el tratamiento de sus datos para fines analíticos y de mejora del servicio.

- Explica cómo influye el nivel de madurez BI en la gestión y protección de los datos personales cuando se evoluciona desde informes descriptivos hasta analítica avanzada.
- ¿Qué controles o mecanismos técnicos recomendarías implementar en el BI para garantizar la protección y trazabilidad de los datos personales tratados? Da al menos tres ejemplos concretos.

Aplicación práctica 3. Formar a un equipo de Big Data

U. A. 3. Identificación de los fundamentos del Big Data

Imagina que tu organización quiere formar a todo su equipo directivo en los fundamentos de Big Data. Te han pedido que prepares un material visual y práctico que resuma los conceptos clave y ejemplifica cómo los datos pueden transformar la empresa. Para ello, deberás crear un mapa conceptual en el que se:

- Explique de forma esquemática cada una de las 5 V (Volumen, Velocidad, Variedad, Veracidad, Valor).
- Incluya ejemplos de fuentes de datos para cada V (ejemplo: Volumen – logs de sensores IoT, Variedad – imágenes y textos de redes sociales, etc.).
- Relacione cómo estas V's impactan en la toma de decisiones de la empresa.

El mapa debe tener al menos 3 niveles de ramificación y mostrar ejemplos prácticos en cada área. Para elaborarlo, puedes usar herramientas como Coggle, ClickUp, Canva, o incluso papel escaneado.

A continuación, elabora una tabla como la que se muestra a continuación:

Tipo de dato	Descripción breve	Ejemplo real	Valor estratégico	Reto asociado
Base de datos relacional				
Registros de sensores (IoT)				
Datos no estructurados				
Logs web				
Hojas de cálculo				

Para cada fila, indica:

- Descripción breve: ¿Qué tipo de información es?
- Ejemplo real: Pon un caso de uso realista (ejemplo: facturación, monitorización de temperatura, emails...).

- Valor estratégico: ¿Por qué es importante para la empresa?
- Reto asociado: ¿Qué dificultad presenta su gestión en el contexto de Big Data?
- Por último, responde en 5-7 líneas: ¿Cómo podría transformar tu día a día profesional el acceso y uso inteligente de Big Data? Pon un ejemplo concreto de aplicación en tu sector o empresa ideal.

Aplicación práctica 4. Propuesta de estrategia de datos

U. A. 4. Estudio del desarrollo de una estrategia de datos

Ponte en la piel de un Chief Data Officer en una empresa de tu elección (puede ser real, ficticia o inspirada en tu sector preferido: salud, retail, industria, logística, educación…). Tu reto es crear, de forma visual y argumentada, una propuesta de estrategia de datos que puedas presentar a la dirección.

Usa una herramienta digital de tu elección (Canva, PowerPoint, Word, Miro, Draw.io, incluso papel escaneado) para representar visualmente los siguientes apartados:

- Modelo de arquitectura de datos elegido: ¿Optas por Data Warehouse, Data Lake, Data Mesh, Lakehouse o una combinación?
- Justificación del modelo: Resume en frases o iconos por qué lo eliges y cuáles son sus ventajas e inconvenientes para tu caso.
- Ciclo de vida de los datos: Dibuja una línea de tiempo, flechas o cajas que muestren cómo se gestionarán los datos: captura, almacenamiento, tratamiento, análisis, visualización y eliminación.
- Pilares de gobernanza y calidad: Señala cómo se controlarán el acceso, la calidad, la seguridad y la privacidad de los datos.
- Acciones para fomentar la cultura del dato: ¿Cómo formarías a los equipos? (ejemplo: cursos online, talleres, comunicados internos, designación de "data champions"…).

Aplicación práctica 5. Ventajas e inconvenientes de las estrategias de datos

U. A. 4. Estudio del desarrollo de una estrategia de datos

1. Accede a *Tableau Public*, al *Power BI* Gratis, o busca un vídeo demostrativo de alguna herramienta de *Business Intelligence* o *Data Lake* para adjuntar y dar empaque al reto práctico.

2. Haz una captura de pantalla de un *dashboard*, arquitectura o funcionalidad que te llame la atención.

3. Escribe 3-5 líneas explicando:

- ¿Qué aporta esa funcionalidad a la estrategia de datos de tu empresa elegida?
- ¿Qué mejorarías o adaptarías para tu contexto?

4. Completa la siguiente tabla:

Modelo de arquitectura	Ventajas principales	Inconvenientes	Adecuación a tu empresa (Alta/Media/Baja)
Data Warehouse			
Data Lake			
Data Mesh			
Lakehouse			

5. Redacta una breve conclusión argumentando por qué la estrategia elegida es la mejor para tu empresa y cómo puede ayudar a anticipar tendencias, innovar y crecer en la economía digital.

Aplicación práctica 6. Gobierno y gestión de datos

U. A. 5. Identificación de los elementos clave para el gobierno y gestión de los datos

Imagina que trabajas en una empresa en crecimiento, *"TechSolutions S.A."*, que recientemente ha experimentado problemas con la calidad y la coherencia de sus datos de clientes. Esto ha afectado sus campañas de marketing y la fiabilidad de los informes de ventas. La dirección ha decidido implementar un modelo de Gobierno del Dato y te han asignado como *Data Steward* para un conjunto crítico de datos: la información de contacto de los clientes.

Crea un diagrama visual (puede ser un mapa conceptual, un diagrama de flujo o una infografía simple) que represente los elementos clave para un adecuado gobierno del dato dentro de *"TechSolutions S.A."*, basándote en la teoría de la unidad. Este debe incluir y relacionar los siguientes conceptos:

- 3 características de los datos de calidad: disponibles, entendibles, fiables.
- Elementos clave del gobierno del dato: políticas y procedimientos, catálogo de datos, gestión de metadatos, seguridad y privacidad, ciclo de vida de los datos, formación y concienciación.
- Roles y responsabilidades principales: CDO, *Data Owner, Data Steward* (destacando tu rol).

Puedes usar herramientas como *Google, Canva, Draw.io* o incluso realizarlo a mano y escanearlo/fotografiarlo.

Por otro lado, se ha detectado un problema recurrente: en la base de datos de clientes, el campo "País" a menudo contiene errores (ej. "USA", "U.S.A.", "Estados Unidos", "EEUU"). Esto genera inconsistencias en los reportes geográficos.

Utilizando la plantilla proporcionada, detalla cómo abordarías este reto aplicando los principios de gobierno y gestión de datos que has aprendido.

Aspecto del reto	Descripción del problema	Acciones como Data Steward	Herramientas/conceptos de la unidad aplicados	Resultado esperado
Identificación de la falta de "Fiabilidad"			Características principales de los datos	
Definición de "Política de Datos"			Elementos clave para el gobierno del dato	
Colaboración con el "Data Owner"			Roles y Responsabilidades	
Uso del "Catálogo/Metadatos"			Elementos clave para el gobierno del dato	
Proceso de "Limpieza y Estandarización"			Gestión del ciclo de vida de los datos	
Monitorización y "Calidad Continua"			Gobierno del dato	

Aplicación práctica 7. Organización Data Driven

U. A. 6. Conocimiento y comprensión de una Organización Data Driven. Retos y oportunidades

En el mundo actual, muchas empresas intentan convertirse en organizaciones Data Driven, pero no todas lo logran con el mismo éxito. Comprender los factores que llevan al éxito o al fracaso en esta transformación es crucial.

Tu tarea es investigar un caso real de una empresa (puedes elegir una conocida o una de tu sector de interés) que haya intentado o logrado ser una organización Data Driven. Deberás analizar los desafíos que enfrentó y las oportunidades que aprovechó (o desaprovechó).

1. Investiga y selecciona una empresa (real) que haya emprendido o esté en proceso de ser una organización Data Driven. Puede ser un caso de éxito notable o un caso en el que se hayan enfrentado a grandes dificultades (o incluso hayan fracasado). Puedes usar como fuentes de investigación: artículos de noticias, estudios de caso de consultoras (por ejemplo, Gartner o Deloitte), blogs de empresas, reportajes especializados en tecnología o negocios.

2. Resume brevemente (1 párrafo) la empresa y el contexto de su iniciativa Data Driven.

A continuación, utilizando un formato de informe estructurado, analiza los siguientes puntos basándote en la información que encuentres sobre el caso real:

- Definición Data Driven (cómo se aplica): ¿Cómo buscaba esta empresa ser Data Driven? ¿Qué aspectos de la definición (cultura, liderazgo, procesos, tecnología) intentó implementar o reforzar?
- Retos identificados: describe al menos 3 retos específicos que la empresa enfrentó en su camino para ser Data Driven. Clasifícalos (ej. cultural, tecnológico, de calidad de datos, de liderazgo, etc.) y explica por qué fueron un desafío para la empresa.

- Oportunidades aprovechadas (o potenciales): describe al menos 3 oportunidades que la empresa logró (o podría haber logrado si la transformación fuera exitosa) gracias a la adopción del enfoque Data Driven. Justifica cómo el uso de datos le permitió obtener esa ventaja.
- Proyectos/Iniciativas clave: menciona al menos 2 proyectos o iniciativas concretas que la empresa implementó (o intentó implementar) para avanzar en su transformación Data Driven.
- Conclusiones: ¿Qué lecciones clave se pueden extraer de este caso para otras organizaciones que buscan ser Data Driven? (Máximo 1 párrafo).

Ejercicio de evaluación final

1. ¿Qué papel juega el BI en la estrategia empresarial?

    a. Es irrelevante para la estrategia.

    b. Solo aporta informes estéticos.

    c. Permite alinear las acciones con los objetivos estratégicos.

    d. Se usa únicamente para campañas publicitarias.

2. ¿Cuál es uno de los primeros pasos en la implantación de BI?

    a. Crear una campaña en redes sociales.

    b. Eliminar los datos antiguos.

    c. Definir los indicadores clave de desempeño (KPI).

    d. Contratar personal sin formación.

3. ¿Cuál de estas afirmaciones define mejor el valor de los datos en una organización?

    a. Son solo un registro histórico.

    b. Su valor es únicamente legal.

    c. Permiten descubrir oportunidades y mejorar procesos.

    d. Solo sirven para informes anuales.

4. ¿Qué es la integración de datos en BI?

    a. Copiar archivos entre carpetas.

    b. Unir datos de diferentes fuentes para analizarlos juntos.

    c. Borrar información duplicada.

    d. Instalar software.

5. ¿Qué papel juega el BI en la estrategia empresarial?

    a. Es irrelevante para la estrategia.

    b. Solo aporta informes estéticos.

    c. Permite alinear las acciones con los objetivos estratégicos.

    d. Se usa únicamente para campañas publicitarias.

6. ¿Cuál es uno de los primeros pasos en la implantación de BI?

    a. Contratar personal sin formación.

    b. Eliminar los datos antiguos.

    c. Definir los indicadores clave de desempeño (KPI).

    d. Crear una campaña en redes sociales.

7. ¿Qué es la integración de datos en BI?

    a. Copiar archivos entre carpetas.

    b. Unir datos de diferentes fuentes para analizarlos juntos.

    c. Borrar información duplicada.

    d. Instalar software.

8. ¿Qué permite el nivel predictivo de BI?

    a. Generar informes históricos.

    b. Crear paneles estáticos.

    c. Generar *dashboards* interactivos.

    d. Prever tendencias y comportamientos futuros.

9. ¿Cuál de las siguientes no es una etapa de madurez de BI?

    a. Nivel diagnóstico.

    b. Nivel descriptivo.

    c. Nivel contable.

    d. Nivel prescriptivo.

10.¿Qué papel juega la cultura organizacional en Big Data?

a. Ninguno, solo es técnico.

b. Bloquea el análisis de datos.

c. Limita el uso de datos.

d. Promueve la mentalidad analítica y colaborativa.

11.¿Qué significa la monetización de los datos?

a. Eliminar datos obsoletos.

b. Guardar los datos en carpetas.

c. Bloquear el acceso a la información.

d. Convertir datos en nuevos modelos de negocio e ingresos.

12.¿Cuál es el objetivo principal del análisis predictivo en Big Data?

a. Crear redes sociales.

b. Generar documentos.

c. Almacenar información.

d. Anticipar tendencias y comportamientos.

13.¿Qué describe mejor el papel del Edge Computing en Big Data?

a. Limitar el acceso a los datos.

b. Borrar datos antiguos.

c. Procesar datos en el lugar donde se generan, en tiempo real.

d. Sustituir el Data Warehouse.

14.¿Por qué la gobernanza de datos es clave en Big Data?

a. Facilita el análisis de errores.

b. Evita duplicidades de software.

c. Permite almacenar datos históricos.

d. Garantiza la calidad, la seguridad y el cumplimiento normativo.

15. ¿Qué tecnología permite analizar flujos de datos en tiempo real?

a. Bases de datos relacionales.

b. Procesadores de textos.

c. Apache Kafka.

d. Software ofimático.

16. ¿Cuál de estas opciones describe las 5 V's del Big Data?

a. Volumen, variedad, velocidad, validez y verificación.

b. Volumen, velocidad, variedad, veracidad y valor.

c. Valor, visibilidad, veracidad, variedad y volumen.

d. Validación, velocidad, volumen, vector y visibilidad.

17. ¿Qué aspecto clave debe considerarse para garantizar la seguridad de los datos?

a. Uso exclusivo de plataformas *cloud*.

b. Uso de redes sociales para compartir datos.

c. Cifrado, roles y gestión de accesos.

d. Solo accesos de lectura.

18. ¿Por qué es necesario adaptar la estrategia de datos a nuevas tecnologías como IA o IoT?

a. Para reducir costes operativos.

b. Para garantizar la escalabilidad y flexibilidad futura.

c. Para disminuir la gobernanza de datos.

d. Para evitar tener que formar equipos.

19.¿Qué significa ETL en el contexto de la estrategia de datos?

   a.   External Tool Logic.

   b.   Extract, Transform, Load.

   c.   Electronic Table Load.

   d.   Exploratory Task Learning.

20.¿Qué riesgo puede derivar de una mala gobernanza en un Data Lake?

   a.   Transformar todos los datos en informes.

   b.   Borrar datos irrelevantes.

   c.   Convertirlo en un *"data swamp"*.

   d.   Aumentar la velocidad de consulta.

21.¿Qué papel juega el ROI en una estrategia de datos?

   a.   Asegurar que solo se usan tecnologías Open Source.

   b.   Demostrar que la inversión en datos genera valor para el negocio.

   c.   Implementar tecnologías de almacenamiento.

   d.   Reducir la calidad de los datos.

22.¿Qué tipo de arquitectura de datos facilita tanto el almacenamiento estructurado como no estructurado?

   a.   Data Mart.

   b.   Data Mesh.

   c.   Data Warehouse.

   d.   Lakehouse.

23.¿Qué aspecto cultural es clave para el éxito de una estrategia de datos?

a. Aumentar la competencia interna.

b. Promover el liderazgo ejemplar y la formación continua.

c. Implementar solo procesos manuales.

d. Utilizar tecnología obsoleta.

24.¿Cuál de estas herramientas NO está directamente relacionada con la visualización de datos?

a. Power BI.

b. Apache Kafka.

c. Tableau.

d. Qlik Sense.

25.¿Cuál es la función principal del Data Steward?

a. Diseñar la arquitectura de datos.

b. Aplicar técnicas de *machine learning*.

c. Supervisar la calidad, integridad y linaje de los datos.

d. Monitorear el rendimiento de los sistemas.

26.¿Qué rol valida los procesos de acceso y actualización de los datos?

a. Data Scientist.

b. Data Architect.

c. Data Steward.

d. Data Owner.

27.¿Cuál es la función principal del Data Engineer?

    a. Definir políticas estratégicas.

    b. Diseñar, construir y mantener los pipelines de datos.

    c. Crear *dashboards* interactivos.

    d. Realizar auditorías internas.

28.¿Quién se encarga de definir estructuras, normas y tecnologías para el almacenamiento y procesamiento de datos?

    a. Data Analyst.

    b. Data Architect.

    c. Data Owner.

    d. Data Scientist.

29.¿Qué componente es clave para mantener la competitividad en una organización Data Driven?

    a. Ignorar el cumplimiento normativo.

    b. Adoptar infraestructuras escalables y flexibles.

    c. Reducir la inversión en tecnología.

    d. Evitar la colaboración entre departamentos.

30.¿Qué es un Data Lake?

    a. Una infraestructura tecnológica para almacenar grandes volúmenes de datos de forma flexible.

    b. Un tipo de informe visual.

    c. Una hoja de cálculo dinámica.

    d. Un dispositivo de almacenamiento físico.

Solucionario

U. A. 1. Identificación de los fundamentos del Business Intelligence (BI)

1. b	**6.** b
2. d	**7.** c
3. b	**8.** b
4. c	**9.** b
5. b	**10.** c

U. A. 2. Comprender el valor de los datos y el Business Intelligence en una organización

1. b	**6.** c
2. c	**7.** c
3. d	**8.** d
4. b	**9.** c
5. b	**10.** c

U. A. 3. Identificación de los fundamentos del Big Data

1. c	**6.** d
2. c	**7.** d
3. b	**8.** c
4. b	**9.** c
5. c	**10.** b

U. A. 4. Estudio del desarrollo de una estrategia de datos

1. c	**6.** b
2. b	**7.** c
3. c	**8.** c
4. c	**9.** c
5. d	**10.** c

U. A. 5. Identificación de los elementos clave para el gobierno y gestión de los datos

1. b	**6.** c
2. c	**7.** b
3. d	**8.** a
4. b	**9.** c
5. b	**10.** c

U. A. 6. Conocimiento y comprensión de una Organización Data Driven. Retos y oportunidades

1. b	**6.** a
2. c	**7.** b
3. b	**8.** c
4. c	**9.** b
5. d	**10.** c

Bibliografía

Monografías

García, Ricardo (2020). *Big Data para directivos.* Editorial Gestión 2000 (Planeta).
Dirigido a responsables de negocio y directivos, explica el valor de los datos y el Big Data como activos estratégicos, cómo definir una estrategia de datos y los retos del gobierno del dato en la empresa actual.

Losada, Miguel Ángel (2021). *Business Intelligence y Big Data: Estrategias para la gestión empresarial.* Editorial Anaya Multimedia.
Una obra actualizada que cubre desde los fundamentos de BI hasta el impacto del Big Data en la estrategia empresarial, la toma de decisiones basada en datos y el desarrollo de organizaciones Data Driven. Incluye casos de éxito españoles y una visión aplicada a pymes.

Marr, Bernard (2016). *Big Data en la Práctica: Cómo 45 empresas usan Big Data para obtener resultados extraordinarios.* Editorial LID Editorial Empresarial.
Casos prácticos y experiencias reales de empresas que han implementado estrategias de datos y BI, útiles para entender cómo llevar a cabo una transformación Data Driven.

Legislación

Ley Orgánica 3/2018, de 5 de diciembre: Protección de Datos Personales y garantía de los derechos digitales.

Reglamento (UE) 2016/679 del parlamento europeo y del consejo de 27 de abril de 2016 relativo a la protección de las personas físicas en lo que respecta al tratamiento de datos personales y a la libre circulación de estos datos y por el que se deroga la Directiva 95/46/CE (Reglamento general de protección de datos).

Business Intelligence

https://www.tableau.com/es-es/learn/articles/business-intelligence

Gobierno de datos: ¿cómo puede ayudar a la empresa?

https://retos-operaciones-logistica.eae.es/gobierno-de-datos-empresa/

Gobierno del dato: ¿qué es y cómo implementarlo en una empresa?

https://www.computing.es/analytics/gobierno-de-datos-como-implementarlo-en-una-empresa/

Herramientas de Business Intelligence

https://www.datacamp.com/es/blog/top-business-intelligence-tools

Tendencias del Big Data para el 2025

https://impactotic.co/tecnologia/big-data/tendencias-del-big-data-para-el-2025/

Términos de Big Data

https://www.iebschool.com/hub/glosario-big-data/